Cours d'informatique pour débutants

Devenez 100% autonome sur votre ordinateur

Table des matières

Chapitre 1 : Découvrir son Ordinateur

Au seuil de ce chapitre, imaginez-vous à la porte d'un monde nouveau, prêt à être exploré. L'ordinateur, cet outil étonnant qui trône sur votre bureau, est bien plus qu'un simple assemblage de composants électroniques. Il est le portail vers une dimension incommensurable de savoir, de créativité et d'opportunités.

Découvrir son ordinateur, c'est un peu comme entrer dans une bibliothèque infinie, où chaque livre est une fenêtre ouverte sur des connaissances, des histoires et des perspectives diverses. C'est aussi comme ouvrir une boîte à outils magique, remplie d'instruments virtuels qui peuvent vous aider à résoudre des problèmes, à créer des œuvres d'art, à communiquer avec le monde entier et à façonner votre propre avenir.

L'ordinateur est le trait d'union entre le passé et l'avenir, entre la tradition et l'innovation. Il vous permet de connecter avec des cultures du monde entier, de découvrir des trésors cachés de la connaissance, et de participer activement à la révolution numérique qui façonne notre époque. Il est un reflet de la diversité culturelle et de l'ingéniosité humaine, tout en étant un outil pour façonner le monde de demain.

Dans ce chapitre, nous vous guiderons à travers les premières étapes de votre aventure informatique. Vous apprendrez à connaître votre ordinateur comme un ami fidèle, à le maîtriser comme un artisan habile, et à explorer son potentiel infini comme un aventurier intrépide. Vous découvrirez comment il peut vous aider à élargir vos horizons culturels, à communiquer avec des personnes du monde entier et à participer à des projets créatifs qui vous permettront de laisser votre empreinte dans le monde numérique.

Alors, ouvrez grand la porte de cette première étape de votre voyage. Préparez-vous à explorer les merveilles de votre ordinateur et à dévoiler les richesses culturelles du monde numérique qui s'ouvrent à vous. Le chapitre 1 est le seuil de votre aventure informatique, et derrière cette porte, vous trouverez une myriade de découvertes à faire et d'expériences à vivre. Embarquez avec nous pour cette exploration passionnante !

Qu'est-ce qu'un ordinateur ?

L'informatique est une discipline omniprésente dans nos vies. Avant de plonger dans les détails de l'utilisation d'un ordinateur, il est essentiel de comprendre ce qu'est réellement un ordinateur.

Un ordinateur est une machine électronique conçue pour effectuer diverses tâches en traitant des données sous forme numérique. En d'autres termes, c'est une machine polyvalente qui peut effectuer toutes sortes de travaux, de la gestion des finances à la création artistique.

Les composants de base d'un ordinateur incluent le matériel physique (comme le processeur, la mémoire, le disque dur, l'écran, le clavier et la souris) ainsi que le logiciel qui permet à la machine d'accomplir des tâches spécifiques. Windows est l'un de ces systèmes d'exploitation, agissant comme l'interface entre l'utilisateur et le matériel.

Allumer et éteindre votre ordinateur

Pour commencer à utiliser votre ordinateur, vous devez d'abord apprendre à l'allumer et à l'éteindre correctement.

Allumer votre ordinateur :

1. Localisez le bouton d'alimentation, généralement situé sur l'unité centrale ou sur le côté de votre ordinateur portable.
2. Appuyez sur ce bouton pour démarrer l'ordinateur. Vous verrez généralement des lumières s'allumer, et l'écran s'illuminera progressivement.

Éteindre votre ordinateur :

1. Cliquez sur le bouton "Démarrer" dans le coin inférieur gauche de votre écran.
2. Cliquez sur l'icône "Marche/Arrêt".
3. Sélectionnez "Éteindre".

Il est important d'éteindre correctement votre ordinateur pour éviter de perdre des données ou de provoquer des problèmes de logiciel. N'éteignez pas simplement l'alimentation en tirant la fiche ou en appuyant longtemps sur le bouton d'alimentation.

Navigation de base dans Windows

Maintenant que vous avez allumé votre ordinateur, explorons l'interface de Windows. Windows est divisé en plusieurs éléments clés :

1. **Le Bureau :** C'est la première chose que vous voyez lorsque Windows démarre. Vous pouvez y placer des raccourcis vers vos fichiers et programmes les plus utilisés.

2. **La Barre des Tâches :** En bas de l'écran, elle contient des icônes pour lancer des programmes, basculer entre les fenêtres ou accéder à des fonctions spécifiques.

3. **Le Menu Démarrer :** Il se trouve généralement dans le coin inférieur gauche de l'écran et vous permet d'accéder à vos applications, fichiers et paramètres.

4. **Les Fenêtres :** Vous pouvez ouvrir plusieurs fenêtres pour travailler sur différentes tâches simultanément. Apprenez à les déplacer, les redimensionner et les fermer.

Nous explorerons chacun de ces éléments en détail dans les chapitres à venir. Pour l'instant, familiarisez-vous avec l'apparence générale de Windows.

Gestion des fenêtres

La gestion des fenêtres est une compétence clé pour travailler efficacement sur un ordinateur. Voici quelques opérations de base que vous devriez connaître :

- **Redimensionner une fenêtre :** Cliquez sur le coin inférieur droit d'une fenêtre et faites-la glisser pour la redimensionner.
- **Déplacer une fenêtre :** Cliquez sur la barre de titre d'une fenêtre, maintenez le bouton de la souris enfoncé, puis déplacez la fenêtre.
- **Minimiser, maximiser et restaurer une fenêtre :** Utilisez les boutons situés dans le coin supérieur droit d'une fenêtre pour effectuer ces actions.

Le bureau de Windows

Le Bureau de Windows est l'endroit où vous allez passer la plupart de votre temps lors de l'utilisation de votre ordinateur. Il sert de point de départ pour accéder à vos fichiers, applications et raccourcis. Commençons par explorer les éléments courants que vous pouvez trouver sur votre bureau :

1. **Icônes du Bureau :** Ce sont des raccourcis vers des fichiers, des dossiers ou des applications. Vous pouvez les déplacer, les organiser et les supprimer selon vos besoins.

2. **Fond d'écran :** C'est l'image de fond de votre Bureau. Vous pouvez personnaliser cette image selon vos préférences.

3. **Barre des tâches :** Elle s'étend généralement au bas de l'écran et contient des icônes pour accéder rapidement aux applications ouvertes et aux fonctions système.

4. **Zone de notification :** Elle se trouve généralement à droite de la barre des tâches et affiche des icônes pour les notifications système, l'heure et d'autres informations importantes.

5. **Corbeille :** C'est l'endroit où les fichiers que vous supprimez sont temporairement stockés avant d'être définitivement effacés. Vous pouvez restaurer des fichiers depuis la Corbeille si vous les avez supprimés par erreur.

Maintenant que vous avez une idée générale de ce qu'est un ordinateur et de l'interface de Windows, vous êtes prêt à passer au chapitre suivant, où nous explorerons plus en détail l'utilisation de la souris et du clavier. Ces compétences de base sont essentielles pour interagir avec votre ordinateur de manière fluide.

Liste d'exercices pour le chapitre 1

Voici 10 exercices pratiques pour consolider les concepts abordés dans le chapitre 1 "Découvrir son Ordinateur". Ces exercices aideront les débutants à devenir plus à l'aise avec leur ordinateur sous Windows.

Exercice 1 : Allumer et éteindre

- Allumez votre ordinateur, puis éteignez-le en utilisant les étapes décrites dans le livre.

Exercice 2 : Explorer le Bureau

- Créez un nouveau dossier sur votre Bureau et nommez-le "Mes Documents".
- Créez un raccourci sur le bureau vers un programme que vous utilisez fréquemment.
- Déplacez le raccourci dans le dossier "Mes Documents".

Exercice 3 : Gestion des fenêtres

- Ouvrez deux fenêtres de votre navigateur web (ex : Google Chrome) et placez-les côte à côte sur l'écran.
- Réduisez l'une des fenêtres en mode "minimisé".
- Restaurez la fenêtre minimisée à son état précédent.

Exercice 4 : Utilisation de la souris

- Faites un clic droit sur une icône du Bureau et explorez les options contextuelles.

Exercice 5 : Utilisation du clavier

- Ouvrez le Bloc-notes (Notepad) depuis le Menu Démarrer en utilisant uniquement le clavier, sans la souris.
- Écrivez un court message, puis enregistrez-le sous un nom de fichier de votre choix.

Exercice 6 : Création d'un raccourci

- Créez un raccourci sur le Bureau pour le dossier "Mes Documents" que vous avez créé précédemment.

Exercice 7 : Personnalisation du Bureau

- Changez le fond d'écran de votre Bureau en utilisant une image de votre choix depuis votre propre collection d'images.

Exercice 8 : Utilisation du Menu Démarrer

- Ouvrez le Menu Démarrer et trouvez une application que vous n'avez pas utilisé auparavant. Lancez cette application.

Exercice 9 : Découverte de la Corbeille

- Supprimez un fichier de votre Bureau en le faisant glisser vers la Corbeille. Ensuite, restaurez-le depuis la Corbeille.

Exercice 10 : Exploration de la Barre des Tâches

- Ouvrez plusieurs programmes différents, puis utilisez la Barre des Tâches pour basculer entre eux.
- Épinglez un programme que vous utilisez fréquemment à la Barre des Tâches pour un accès rapide.

Ces exercices aideront les débutants à pratiquer les compétences de base de l'utilisation de Windows et à se sentir plus à l'aise avec leur ordinateur. Ils peuvent être adaptés en fonction des besoins spécifiques de l'apprenant, en ajoutant des défis supplémentaires au fur et à mesure de leur progression.

Chapitre 2 : Souris et Clavier

Nous allons maintenant plonger plus profondément dans les entrailles de votre ordinateur en découvrant deux des outils les plus essentiels et polyvalents : la souris et le clavier.

Imaginez la souris comme votre baguette magique, capable de donner vie à vos intentions d'un simple mouvement. Elle vous permet de naviguer à travers des univers virtuels, de créer des chefs-d'œuvre artistiques et de communiquer avec le monde entier en quelques clics. La souris est votre alliée fidèle dans la découverte de ce royaume numérique, une extension de votre propre main pour explorer, créer et interagir.

Le clavier, quant à lui, est votre instrument de création littéraire et de communication. Chaque touche est une note de musique dans la symphonie de vos idées, une lettre dans la composition de vos messages et de vos documents. Il vous permet d'exprimer vos pensées, de raconter des histoires, et de partager votre vision avec le monde. Le clavier est la plume moderne qui transcende les frontières de l'écriture traditionnelle et vous permet de laisser votre empreinte dans le monde numérique.

Ensemble, la souris et le clavier sont les pinceaux et la toile de votre expression personnelle. Ils sont les outils qui vous permettront de découvrir, d'apprendre, de créer et de vous connecter dans ce monde numérique en constante expansion.

Dans ce chapitre, nous allons vous initier aux subtilités de la souris et du clavier, vous montrer comment les maîtriser avec aisance, et vous dévoiler leurs capacités cachées pour faciliter votre exploration du monde numérique. Vous découvrirez comment ces deux amis fidèles peuvent non seulement simplifier votre vie quotidienne, mais aussi enrichir votre culture, en vous donnant accès à une multitude de ressources, de contenus et d'expériences culturelles à portée de clic.

Alors, préparez-vous à plonger dans le monde de la souris et du clavier, à explorer leur puissance créative, et à découvrir comment ces outils vous ouvriront les portes de la culture numérique. Ce chapitre est une invitation à la créativité et à la découverte, où chaque clic et chaque touche vous rapprocheront davantage de la maîtrise de cet univers numérique riche en possibilités.

Utilisation de la souris

La souris est un périphérique essentiel pour interagir avec votre ordinateur. Elle vous permet de déplacer le pointeur à l'écran et de cliquer sur des éléments pour les sélectionner. Dans ce chapitre, nous allons explorer les différentes actions que vous pouvez accomplir avec la souris.

Déplacement du pointeur : Pour déplacer le pointeur à l'écran, placez votre main sur la souris et déplacez-la sur une surface plane. Le pointeur bougera en conséquence à l'écran.

Clic gauche : Le bouton principal de la souris est généralement le bouton gauche. Un simple clic gauche sur un élément, comme une icône, permet de le sélectionner.

Clic droit : Le bouton droit de la souris est utilisé pour afficher un menu contextuel. Cliquez avec le bouton droit sur un élément pour voir les options disponibles.

Exercice pratique :

1. Utilisez la souris pour déplacer le pointeur à différents endroits de l'écran.

2. Ouvrez le menu contextuel en faisant un clic droit sur une icône du Bureau.

Utilisation du clavier

Le clavier est un autre périphérique clé pour entrer des données et interagir avec votre ordinateur. Il comporte des touches pour les lettres, les chiffres, les symboles et diverses fonctions.

Touche Entrée : La touche "Entrée" est utilisée pour valider une action. Par exemple, lorsque vous tapez un mot de passe, appuyez sur "Entrée" pour le soumettre.

Touche Espace : La touche "Espace" est utilisée pour insérer un espace entre les mots.

Touches de direction : Les touches fléchées (haut, bas, gauche, droite) permettent de naviguer dans les menus et les documents.

Touche Supprimer : La touche "Supprimer" permet de supprimer du texte ou des fichiers.

Exercice pratique :

1. Ouvrez le Bloc-notes (Notepad) depuis le Menu Démarrer en utilisant uniquement le clavier, sans la souris.
2. Tapez un court message, puis utilisez les touches de direction pour naviguer dans le texte.
3. Utilisez la touche "Supprimer" pour effacer du texte.

Dans la suite du chapitre, nous explorerons des raccourcis clavier utiles qui peuvent vous faire gagner du temps lors de l'utilisation de votre ordinateur. Maîtriser à la fois la souris et le clavier vous rendra plus efficace dans vos tâches informatiques quotidiennes.

Raccourcis clavier utiles

Les raccourcis clavier sont des combinaisons de touches spécifiques qui permettent d'effectuer rapidement des actions courantes sans avoir à passer par des menus et des clics de souris. Ils peuvent vous faire gagner un temps précieux et améliorer considérablement votre efficacité.

Voici quelques raccourcis clavier utiles que vous devriez connaître :

- **Ctrl + C :** Copier un élément sélectionné (texte, fichier, etc.).
- **Ctrl + X :** Couper un élément sélectionné.
- **Ctrl + V :** Coller un élément copié ou coupé.
- **Ctrl + Z :** Annuler la dernière action.
- **Ctrl + S :** Enregistrer le document actuel.
- **Ctrl + P :** Imprimer le document actuel.
- **Alt + Tab :** Basculer entre les applications ouvertes.
- **Ctrl + Alt + Suppr :** Ouvrir le Gestionnaire des tâches pour gérer les applications en cours d'exécution.

Exercice pratique :

1. Ouvrez le Bloc-notes (Notepad) et tapez quelques phrases de texte.
2. Utilisez le raccourci clavier "Ctrl + C" pour copier le texte sélectionné.
3. Créez un nouveau document dans le Bloc-notes, puis utilisez le raccourci "Ctrl + V" pour coller le texte copié.
4. Utilisez le raccourci "Ctrl + S" pour enregistrer le document sous un nom de fichier de votre choix.

Les raccourcis clavier peuvent sembler complexes au début, mais avec la pratique, ils deviendront une seconde nature. Ils vous permettront de travailler plus efficacement et de naviguer plus rapidement dans votre ordinateur.

Personnalisation des raccourcis clavier

Saviez-vous que vous pouvez personnaliser certains raccourcis clavier pour les adapter à vos préférences ? Windows offre une certaine flexibilité dans ce domaine.

- **Personnalisation des raccourcis clavier :** Pour personnaliser vos raccourcis clavier, allez dans les paramètres de Windows, sélectionnez "Système", puis "Clavier". Vous pouvez attribuer des raccourcis spécifiques à des applications ou des actions que vous utilisez fréquemment.

Exercice pratique :

1. Personnalisez un raccourci clavier pour ouvrir une application que vous utilisez fréquemment (par exemple, votre navigateur web).
2. Utilisez votre nouveau raccourci clavier pour lancer l'application.

En apprenant et en utilisant ces raccourcis clavier, vous augmenterez considérablement votre productivité sur votre ordinateur Windows. Dans le prochain chapitre, nous explorerons la navigation sur Internet, ce qui vous permettra d'explorer le monde en ligne avec aisance.

Liste d'exercices pour le chapitre 2

Voici 10 exercices pratiques pour consolider les concepts abordés dans le chapitre 2 "Souris et clavier". Ces exercices aideront les débutants à devenir plus à l'aise avec leur ordinateur sous Windows.

Exercice 1 : Utilisation de la souris

- Ouvrez le Bloc-notes (Notepad) en utilisant la souris pour naviguer dans le Menu Démarrer. Ensuite, écrivez quelques lignes de texte.

Exercice 2 : Clics de souris

- Sur le Bureau, créez un nouveau dossier et nommez-le "Exercices". À l'intérieur de ce dossier, créez un fichier texte vide. Pratiquez la sélection d'éléments avec des clics gauche et droit de la souris.

Exercice 3 : Copier, couper et coller

- Sélectionnez un paragraphe de texte dans le Bloc-notes. Utilisez les raccourcis clavier pour copier (Ctrl + C) et couper (Ctrl + X) ce texte. Collez-le (Ctrl + V) ensuite dans un nouvel emplacement.

Exercice 4 : Annuler une action

- Écrivez quelques mots dans le Bloc-notes, puis utilisez le raccourci clavier (Ctrl + Z) pour annuler la dernière action. Répétez l'opération plusieurs fois pour comprendre le fonctionnement de cette fonction.

Exercice 5 : Enregistrement de documents

- Écrivez un court paragraphe dans le Bloc-notes, puis enregistrez-le sous un nom de fichier de votre choix en utilisant le raccourci clavier (Ctrl + S).

Exercice 6 : Basculer entre les applications

- Ouvrez plusieurs applications, telles que le Bloc-notes, le navigateur web et le Gestionnaire des tâches. Utilisez la combinaison de touches "Alt + Tab" pour basculer entre elles.

Exercice 7 : Utilisation du clavier numérique

- Si vous avez un clavier avec un pavé numérique, utilisez-le pour effectuer quelques calculs simples à l'aide de la calculatrice Windows.

Exercice 8 : Raccourcis clavier personnalisés

- Personnalisez un raccourci clavier pour lancer une application de votre choix. Utilisez ce raccourci pour ouvrir l'application.

Exercice 9 : Utilisation de touches de fonction

- Utilisez les touches de fonction (F1, F2, F3, etc.) pour explorer différentes options dans une application, comme votre navigateur web ou un logiciel de traitement de texte.

Exercice 10 : Écriture rapide

- Exercez-vous à écrire rapidement en utilisant le Bloc-notes. Essayez de rédiger un court paragraphe en utilisant uniquement le clavier sans regarder les touches.

Ces exercices pratiques aideront les débutants à acquérir de l'expérience avec la souris et le clavier, ainsi qu'à maîtriser les raccourcis clavier essentiels pour une utilisation plus efficace de leur ordinateur sous Windows.

Chapitre 3 : Navigation sur Internet

Nous allons aborder à présent un sujet qui a révolutionné notre façon d'accéder à l'information, de communiquer avec le monde et de découvrir de nouvelles cultures : la navigation sur Internet.

L'Internet, c'est comme une immense bibliothèque mondiale, un marché aux trésors culturels et une agora virtuelle où les idées, les connaissances et les cultures se croisent sans frontières. C'est un espace où l'accès à la diversité culturelle n'a plus de limites, où vous pouvez plonger dans des traditions lointaines, discuter avec des personnes de tous horizons, et explorer des ressources inépuisables.

La navigation sur Internet est le pont qui vous relie à ce monde infini. C'est comme si vous aviez soudainement accès à une fenêtre sur chaque coin de la planète, à une infinité de musées, de bibliothèques et de galeries d'art, et à une communauté mondiale prête à partager son savoir et sa culture avec vous.

Dans ce chapitre, nous allons vous guider à travers les fondamentaux de la navigation sur Internet, vous montrer comment explorer ce vaste océan d'informations de manière sûre et efficace, et vous révéler les trésors culturels que vous pouvez découvrir en ligne. Vous apprendrez à rechercher des informations, à interagir avec des communautés en ligne, à suivre vos passions, et à participer à des dialogues culturels qui transcendent les frontières géographiques.

La navigation sur Internet vous ouvre les portes de la diversité culturelle comme jamais auparavant. Vous pourrez déguster la cuisine du monde, plonger dans l'histoire de civilisations anciennes, et échanger des idées avec des personnes dont la perspective enrichira la vôtre.

Alors, préparez-vous à embarquer pour un voyage virtuel qui vous emmènera au-delà de l'horizon culturel. Ce chapitre est une invitation à explorer, à apprendre et à vous immerger dans les richesses culturelles que l'Internet a à offrir. Chaque lien que vous suivrez sera une porte qui s'ouvre sur de nouvelles découvertes, de nouvelles amitiés et de nouvelles perspectives. Bienvenue dans le monde de la navigation sur Internet, où l'aventure culturelle n'a pas de frontières !

Introduction à Internet

Internet est un réseau mondial qui relie des milliards d'ordinateurs à travers le monde. Il vous permet d'accéder à une vaste quantité d'informations, de ressources et de services en ligne. Dans ce chapitre, nous allons explorer les bases de la navigation sur Internet.

Pourquoi Internet est-il important ? Internet joue un rôle crucial dans notre vie quotidienne. Il offre des possibilités telles que la communication instantanée, la recherche d'informations, le divertissement, le shopping en ligne et bien plus encore. Il permet également de rester connecté avec des amis, la famille et le monde entier.

Comment accéder à Internet ? Pour accéder à Internet, vous avez besoin d'un appareil (comme un ordinateur ou un smartphone) connecté à un fournisseur d'accès Internet (FAI) via une connexion Internet. Vous utiliserez un navigateur web, tel que Google Chrome, Mozilla Firefox, ou Microsoft Edge, pour explorer le World Wide Web.

Utilisation d'un navigateur web (ex : Google Chrome)

Un navigateur web est l'outil principal que vous utilisez pour naviguer sur Internet. Google Chrome est l'un des navigateurs les plus populaires, et nous allons l'utiliser comme exemple dans ce chapitre.

Ouvrir Google Chrome :

- Cliquez sur l'icône de Google Chrome sur le Bureau ou dans la Barre des Tâches.

La barre d'adresse :

- Tapez l'adresse d'un site web (par exemple, www.google.com) dans la barre d'adresse pour accéder à ce site.

Les onglets :

- Les onglets vous permettent d'ouvrir plusieurs pages web en même temps. Vous pouvez cliquer sur un onglet pour basculer entre les pages.

La page d'accueil :

- Vous pouvez personnaliser la page d'accueil de votre navigateur pour qu'elle affiche vos sites web favoris ou un moteur de recherche.

Exercice pratique :

1. Ouvrez Google Chrome.
2. Tapez www.google.com dans la barre d'adresse et appuyez sur "Entrée" pour accéder à la page d'accueil de Google.

Recherche sur Internet

L'une des utilisations les plus courantes d'Internet est la recherche d'informations. Vous pouvez rechercher des informations sur pratiquement n'importe quel sujet en utilisant un moteur de recherche tel que Google.

Utilisation de Google pour effectuer une recherche :

- Tapez un ou plusieurs mots-clés dans la barre de recherche de Google.
- Appuyez sur "Entrée" pour voir les résultats de la recherche.

Sélection de résultats :

- Cliquez sur un résultat de recherche pour afficher la page web correspondante.

Page de résultats :

- La page de résultats de recherche de Google affiche une liste de sites web pertinents pour vos mots-clés. Vous pouvez également affiner votre recherche en utilisant des outils de filtrage.

Exercice pratique :

1. Ouvrez Google Chrome.
2. Utilisez Google pour rechercher des informations sur un sujet de votre choix.

Ce chapitre vous a introduit aux bases de la navigation sur Internet en utilisant un navigateur web tel que Google Chrome. Dans les prochaines pages, nous explorerons en détail la sécurité en ligne, notamment la protection contre les virus et les logiciels malveillants. Cela vous permettra de naviguer sur Internet en toute sécurité.

Sécurité en ligne (antivirus, mots de passe)

Naviguer sur Internet comporte des risques, notamment la possibilité d'entrer en contact avec des logiciels malveillants et des menaces en ligne. Dans cette section, nous examinerons deux aspects cruciaux de la sécurité en ligne : l'antivirus et les mots de passe.

Antivirus :

- Un logiciel antivirus est essentiel pour protéger votre ordinateur contre les virus, les logiciels malveillants et les menaces en ligne. Il surveille votre système en temps réel et effectue des analyses régulières pour détecter et supprimer les menaces.

Mots de passe :

- Utilisez des mots de passe forts pour protéger vos comptes en ligne. Évitez d'utiliser des mots de passe évidents comme "123456" ou "motdepasse". Préférez des combinaisons de lettres, de chiffres et de caractères spéciaux.
- Ne partagez jamais vos mots de passe avec qui que ce soit. Utilisez un gestionnaire de mots de passe pour stocker en toute sécurité vos informations d'identification.

Exercice pratique :

1. Si vous n'avez pas déjà installé un logiciel antivirus sur votre ordinateur, recherchez et installez un antivirus réputé.

2. Créez un mot de passe fort pour votre compte d'utilisateur sur votre ordinateur. Assurez-vous qu'il comporte au moins huit caractères et inclut des lettres majuscules, des lettres minuscules, des chiffres et des caractères spéciaux.

Navigation sécurisée

La sécurité en ligne ne se limite pas seulement à la protection de votre ordinateur. Vous devez également prendre des mesures pour protéger vos informations personnelles lors de la navigation sur Internet.

Conseils pour une navigation sécurisée :

- Évitez de cliquer sur des liens suspects ou d'ouvrir des pièces jointes provenant de sources inconnues.
- Utilisez des connexions Internet sécurisées (https) lorsque vous saisissez des informations sensibles, telles que les données de carte de crédit.
- Méfiez-vous des tentatives d'hameçonnage (phishing) où les fraudeurs tentent de vous tromper pour obtenir des informations confidentielles.

Exercice pratique :

1. Ouvrez votre navigateur web (Google Chrome) et visitez un site web sécurisé (reconnaissable par "https" dans l'URL, comme votre banque en ligne).
2. Assurez-vous que le site affiche un cadenas dans la barre d'adresse, indiquant qu'il est sécurisé.

Ce chapitre vous a fourni une introduction à la navigation sur Internet en toute sécurité, en mettant l'accent sur la protection contre les virus et les logiciels malveillants, ainsi que sur la gestion de mots de passe. La sécurité en ligne est un aspect

essentiel de l'utilisation de votre ordinateur Windows, et nous
continuerons à explorer d'autres sujets liés à l'informatique dans
les chapitres suivants.

Liste d'exercices pour le chapitre 3

10 exercices pratiques pour le chapitre 3 "Navigation sur
Internet".

Exercice 1 : Installation d'un logiciel antivirus

- Recherchez un logiciel antivirus gratuit en ligne,
  téléchargez-le et installez-le sur votre ordinateur. Suivez
  les instructions pour effectuer une analyse de sécurité de
  votre système.

Exercice 2 : Création d'un mot de passe fort

- Utilisez un gestionnaire de mots de passe pour créer un
  mot de passe fort et unique pour l'un de vos comptes en
  ligne (par exemple, un compte de messagerie). Assurez-
  vous qu'il respecte les critères de sécurité recommandés.

Exercice 3 : Analyse antivirus

- Exécutez une analyse antivirus complète de votre
  ordinateur à l'aide de votre logiciel antivirus nouvellement
  installé. Assurez-vous que votre système est exempt de
  menaces.

Exercice 4 : Protection contre le phishing

- Identifiez un exemple de courrier électronique
  potentiellement frauduleux (phishing) dans votre boîte de
  réception. Ne cliquez pas sur les liens ni n'ouvrez les

pièces jointes. Signalez-le comme courrier indésirable ou phishing.

Exercice 5 : Navigation sécurisée

- Visitez un site web sécurisé (par exemple, un site bancaire) en vous assurant qu'il utilise "https". Vérifiez également la présence d'un cadenas dans la barre d'adresse.

Exercice 6 : Gestionnaire de mots de passe

- Installez un gestionnaire de mots de passe sur votre navigateur web ou votre ordinateur. Ajoutez quelques-uns de vos comptes en ligne et utilisez-le pour générer un mot de passe fort.

Exercice 7 : Reconnaissance de sites web sécurisés

- Explorez différents sites web et identifiez ceux qui sont sécurisés (https) et ceux qui ne le sont pas. Comprenez l'importance de la sécurité lors de la navigation.

Exercice 8 : Test de sensibilisation à l'hameçonnage

- Recherchez en ligne des exemples de tentatives d'hameçonnage (phishing) et évaluez si vous pouvez les reconnaître. Pratiquez la prudence en identifiant les éléments suspects.

Exercice 9 : Configuration de la navigation sécurisée

- Explorez les paramètres de sécurité de votre navigateur (par exemple, Google Chrome). Activez les fonctions de sécurité telles que la protection contre le suivi ou le blocage des pop-ups.

Exercice 10 : Signalement de sites malveillants

- Identifiez un site web ou un lien qui semble malveillant ou frauduleux. Utilisez la fonction de signalement de votre navigateur ou de votre logiciel antivirus pour signaler le site comme étant potentiellement dangereux.

Ces exercices pratiques aideront les débutants à mettre en pratique les principes de sécurité en ligne et à naviguer sur Internet de manière plus sécurisée tout en utilisant leur ordinateur sous Windows.

Chapitre 4 : Gestion des Fichiers et des Dossiers

Au cœur du monde numérique, il y a une formidable énigme à résoudre, un puzzle à assembler, une bibliothèque virtuelle à organiser : la gestion des fichiers et des dossiers. Dans ce quatrième chapitre de notre exploration, nous allons plonger dans l'art de l'organisation numérique, une compétence essentielle qui vous aidera à tirer le meilleur parti de votre ordinateur et à explorer le vaste monde numérique avec aisance.

Imaginez que votre ordinateur est une immense bibliothèque personnelle, remplie de livres, de photos, de vidéos, de documents et de souvenirs numériques. La gestion des fichiers et des dossiers est la clé qui vous permettra d'accéder rapidement à tout ce trésor de connaissances et d'expériences culturelles. C'est comme si vous deveniez le conservateur de votre propre musée virtuel, capable de retrouver chaque œuvre d'art, chaque document précieux, et chaque souvenir en un clin d'œil.

La gestion des fichiers et des dossiers est bien plus qu'une simple tâche administrative. C'est un moyen de donner du sens à votre expérience numérique, de créer une structure pour vos idées, vos projets, et vos découvertes culturelles. C'est aussi une compétence qui vous permettra de partager vos créations avec le monde, de collaborer avec d'autres esprits créatifs, et de participer à une culture numérique en constante évolution.

Dans ce chapitre, nous allons vous montrer comment organiser, trier, et gérer vos fichiers et dossiers de manière efficace, vous aider à créer des systèmes logiques qui simplifieront votre vie numérique, et vous révéler comment cette compétence peut vous permettre de collaborer avec des personnes du monde entier.

La gestion des fichiers et des dossiers est l'outil qui vous permettra de donner vie à votre créativité, de préserver vos précieuses souvenirs, et de participer activement à la culture numérique en constante évolution. Chaque fichier, chaque dossier que vous organisez devient une pierre angulaire de votre expérience culturelle et numérique.

Alors, préparez-vous à devenir le maître de votre propre bibliothèque numérique, à sculpter l'argile numérique de votre monde et à participer pleinement à la culture numérique. Ce chapitre est une invitation à explorer, à organiser et à enrichir votre vie numérique avec le pouvoir de la gestion des fichiers et des dossiers. Bienvenue dans l'art de l'organisation numérique !

Introduction à la gestion des fichiers et des dossiers

La gestion des fichiers et des dossiers est une compétence fondamentale en informatique. Dans ce chapitre, nous explorerons comment organiser, créer, déplacer et supprimer des fichiers et des dossiers sur votre ordinateur.

Fichiers vs Dossiers :

- Un fichier est une unité de stockage qui peut contenir du texte, des images, des vidéos, des programmes, etc.
- Un dossier (ou répertoire) est un conteneur qui peut contenir plusieurs fichiers et dossiers.

L'Explorateur de Fichiers

L'Explorateur de Fichiers est l'outil principal pour gérer vos fichiers et dossiers sous Windows. Il vous permet de naviguer dans votre système de fichiers, de copier, déplacer, supprimer et organiser des éléments.

Ouvrir l'Explorateur de Fichiers :

- Appuyez sur la touche "Windows + E" ou cliquez sur l'icône du dossier jaune dans la Barre des Tâches.

Navigation dans l'Explorateur de Fichiers :

- Utilisez l'arborescence de dossiers sur la gauche pour naviguer vers le dossier souhaité.
- Les fichiers et dossiers dans le dossier sélectionné s'afficheront à droite.

Exercice pratique :

1. Ouvrez l'Explorateur de Fichiers.
2. Naviguez vers le dossier "Documents" sur votre ordinateur.

Création de dossiers et de fichiers

La création de dossiers et de fichiers est essentielle pour organiser vos données.

Création d'un dossier :

- Dans l'Explorateur de Fichiers, cliquez avec le bouton droit dans le dossier où vous souhaitez créer un sous-dossier. Sélectionnez "Nouveau" puis "Dossier" et donnez-lui un nom.

Création d'un fichier :

- Pour créer un fichier, ouvrez le dossier dans lequel vous voulez le créer, cliquez avec le bouton droit, sélectionnez

"Nouveau", puis choisissez le type de fichier (par exemple, "Document texte").

Exercice pratique :

1. Créez un nouveau dossier nommé "Projet Informatique" dans le dossier "Documents".
2. Créez un fichier texte vide dans ce nouveau dossier et nommez-le "Notes Projet".

Dans les pages suivantes de ce chapitre, nous explorerons en détail la copie, le déplacement et la suppression de fichiers et de dossiers, ainsi que la recherche de fichiers spécifiques sur votre ordinateur. Ces compétences vous aideront à gérer vos données de manière efficace.

Copie et Déplacement de Fichiers

Copier et déplacer des fichiers et des dossiers est une compétence importante pour organiser vos données et les déplacer entre différentes parties de votre ordinateur.

Copier un fichier ou un dossier :

- Sélectionnez le fichier ou le dossier que vous souhaitez copier.
- Cliquez avec le bouton droit et sélectionnez "Copier" ou utilisez le raccourci clavier "Ctrl + C".
- Naviguez vers l'emplacement où vous souhaitez copier le fichier ou le dossier.
- Cliquez avec le bouton droit et sélectionnez "Coller" ou utilisez le raccourci clavier "Ctrl + V".

Déplacer un fichier ou un dossier :

- La procédure est similaire à la copie, sauf que vous sélectionnez "Couper" au lieu de "Copier" au début.

Exercice pratique :

1. Copiez le fichier "Notes Projet" que vous avez créé précédemment dans le dossier "Projet Informatique".
2. Déplacez ce fichier de "Projet Informatique" vers le dossier principal "Documents".

Suppression de Fichiers et de Dossiers

Supprimer des fichiers et des dossiers est une opération courante, mais elle nécessite de la prudence pour éviter la perte de données importantes.

Supprimer un fichier ou un dossier :

- Sélectionnez le fichier ou le dossier que vous souhaitez supprimer.
- Cliquez avec le bouton droit et sélectionnez "Supprimer".

Restauration depuis la Corbeille :

- Les fichiers supprimés sont généralement déplacés vers la Corbeille. Vous pouvez les restaurer de là si nécessaire.

Exercice pratique :

1. Supprimez le fichier "Notes Projet" que vous avez déplacé précédemment dans le dossier "Documents".
2. Récupérez ce fichier en le restaurant depuis la Corbeille.

Recherche de Fichiers

Lorsque vous avez de nombreux fichiers sur votre ordinateur, la recherche est un moyen efficace de trouver rapidement un fichier spécifique.

Utilisation de la recherche Windows :

- Cliquez sur la barre de recherche dans la Barre des Tâches.
- Tapez le nom du fichier que vous recherchez.
- Les résultats de la recherche s'afficheront instantanément.

Recherche avancée :

- Vous pouvez utiliser des filtres pour affiner vos résultats de recherche en fonction de la date, du type de fichier, etc.

Exercice pratique :

1. Utilisez la fonction de recherche Windows pour rechercher le fichier "Notes Projet" que vous avez manipulé précédemment.
2. Familiarisez-vous avec les options de recherche avancée.

Ce chapitre vous a introduit à la gestion des fichiers et des dossiers, y compris la création, la copie, le déplacement et la suppression d'éléments. Vous avez également appris comment rechercher des fichiers sur votre ordinateur. La gestion efficace de vos données est essentielle pour tirer le meilleur parti de votre ordinateur sous Windows. Dans le prochain chapitre, nous aborderons la personnalisation de votre système pour le rendre plus adapté à vos besoins.

Liste d'exercices pour le chapitre 4

Exercice 1 : Création de dossiers et de fichiers

- Créez un dossier nommé "Exercices" sur votre Bureau.
- Créez trois fichiers texte vides dans ce dossier et nommez-les "Exercice1.txt", "Exercice2.txt" et "Exercice3.txt".

Exercice 2 : Copie et déplacement de fichiers

- Copiez le fichier "Exercice1.txt" du dossier "Exercices" vers le dossier "Documents".
- Déplacez le fichier "Exercice2.txt" du dossier "Exercices" vers le Bureau.

Exercice 3 : Suppression de fichiers

- Supprimez le fichier "Exercice3.txt" du dossier "Exercices".
- Restaurez ce fichier depuis la Corbeille.

Exercice 4 : Création de sous-dossiers

- Dans le dossier "Exercices", créez un sous-dossier nommé "Images".
- À l'intérieur du sous-dossier "Images", créez un fichier image (vous pouvez utiliser n'importe quelle image de votre choix).

Exercice 5 : Copie de dossiers

- Copiez le dossier "Images" et son contenu du dossier "Exercices" vers le Bureau.

Exercice 6 : Déplacement de dossiers

- Déplacez le dossier "Images" du Bureau vers le dossier "Documents".

Exercice 7 : Recherche de fichiers

- Utilisez la fonction de recherche de Windows pour trouver rapidement le fichier "Exercice1.txt" sur votre ordinateur.

Exercice 8 : Renommer des fichiers et des dossiers

- Renommez le fichier "Exercice2.txt" en "Exercice2_Renomme.txt".
- Renommez le dossier "Images" en "Photos".

Exercice 9 : Utilisation de la Corbeille

- Supprimez le fichier "Exercice1.txt" et le dossier "Exercices" (et son contenu) de manière à les envoyer dans la Corbeille. Ensuite, restaurez-les depuis la Corbeille.

Exercice 10 : Organisation de fichiers

- Créez une nouvelle structure de dossiers sur votre Bureau pour organiser vos fichiers de manière logique. Par exemple, vous pourriez avoir des dossiers pour les documents personnels, les images, les vidéos, etc.

Ces exercices pratiques vous aideront à développer vos compétences en gestion de fichiers et de dossiers sur votre ordinateur Windows. Ils vous permettront de devenir plus à l'aise avec l'organisation de vos données et de tirer le meilleur parti de votre système.

Chapitre 5 : Personnalisation de Windows

Nous entrons dans une phase passionnante de notre exploration, où vous allez découvrir comment personnaliser votre expérience Windows, faire de votre ordinateur un espace numérique qui vous ressemble, et ainsi créer un environnement propice à la découverte culturelle et à la créativité.

Votre ordinateur, avec son système d'exploitation Windows, est une toile vierge qui n'attend que votre touche artistique. C'est votre atelier de création numérique, où vous pouvez exprimer votre individualité, vos goûts et vos passions. Personnaliser Windows, c'est comme décorer votre chambre, mais à une échelle numérique, en y ajoutant des couleurs, des images, des sons et des fonctionnalités qui vous inspirent.

Imaginez que chaque icône, chaque fond d'écran, chaque son de notification vous parle d'une histoire, d'un voyage, ou d'une passion personnelle. Imaginez que votre bureau numérique devienne une fenêtre ouverte sur le monde, avec des informations qui vous intéressent et des raccourcis pour explorer des cultures lointaines, des musées virtuels, ou des langues étrangères.

La personnalisation de Windows va bien au-delà de l'esthétique. C'est un moyen de créer un environnement de travail qui vous inspire, qui vous motive, et qui facilite votre immersion dans le monde numérique. C'est un moyen de rendre votre ordinateur plus qu'un simple outil, mais une extension de votre créativité et de votre curiosité.

Dans ce chapitre, nous allons vous montrer comment personnaliser votre environnement Windows, vous guider à travers les différentes options de personnalisation, et vous révéler comment cette compétence peut enrichir votre expérience culturelle numérique. Vous apprendrez à créer un espace qui vous ressemble, à organiser vos outils de manière efficace, et à exploiter les fonctionnalités de Windows pour explorer la culture, la créativité et la diversité du monde numérique.

Alors, préparez-vous à laisser libre cours à votre créativité, à faire de votre ordinateur une extension de votre personnalité, et à utiliser la personnalisation de Windows comme une clé pour ouvrir les portes de la culture numérique. Ce chapitre est une invitation à explorer, à créer et à personnaliser votre expérience numérique de manière à la rendre unique et significative. Bienvenue dans l'art de la personnalisation de Windows !

Introduction à la personnalisation

Personnaliser votre système d'exploitation Windows est une excellente façon de le rendre plus adapté à vos besoins et à vos préférences. Dans ce chapitre, nous explorerons les différentes façons de personnaliser votre expérience informatique.

Pourquoi personnaliser Windows ?

- La personnalisation vous permet d'ajuster l'apparence et le fonctionnement de Windows pour qu'ils correspondent à votre style de travail ou de loisirs.
- Vous pouvez organiser votre Bureau, changer le fond d'écran, ajuster les paramètres de confidentialité, et bien plus encore.

Personnalisation du Bureau et de l'Écran de Verrouillage

Le Bureau est l'endroit où vous interagissez le plus avec Windows. Vous pouvez personnaliser le Bureau et l'Écran de Verrouillage pour qu'ils reflètent votre style personnel.

Changer le fond d'écran du Bureau :

- Cliquez avec le bouton droit sur le Bureau et sélectionnez "Personnaliser".
- Choisissez un fond d'écran parmi les options fournies ou utilisez une image personnelle.

Personnalisation de l'Écran de Verrouillage :

- Allez dans les paramètres de Windows, sélectionnez "Personnalisation", puis "Écran de Verrouillage" pour choisir un fond d'écran ou un diaporama.

Exercice pratique :

1. Changez le fond d'écran de votre Bureau pour une image de votre choix.
2. Personnalisez l'Écran de Verrouillage avec une autre image ou un diaporama.

Thèmes et Couleurs

Windows vous permet de choisir parmi différents thèmes et options de couleurs pour personnaliser l'apparence de votre système.

Changer le thème :

- Allez dans les paramètres de Windows, sélectionnez "Personnalisation", puis "Thèmes" pour choisir un thème préconfiguré.

Personnalisation des couleurs :

- Vous pouvez également ajuster les couleurs, y compris l'accent coloré utilisé pour mettre en évidence les éléments de l'interface.

Exercice pratique :

1. Sélectionnez un thème qui vous plaît parmi les options disponibles dans les paramètres de personnalisation.
2. Personnalisez les couleurs pour adapter Windows à votre préférence.

Ce chapitre vous a introduit à la personnalisation de Windows, en mettant l'accent sur le Bureau, l'Écran de Verrouillage, les thèmes et les couleurs. La personnalisation de votre système vous permettra de travailler plus confortablement et de créer un environnement informatique qui vous convient. Dans les pages suivantes, nous explorerons d'autres aspects de la personnalisation, notamment les paramètres du menu Démarrer, la gestion des utilisateurs et les raccourcis clavier personnalisés.

Personnalisation du Menu Démarrer

Le Menu Démarrer est l'un des éléments les plus importants de l'interface utilisateur de Windows. Vous pouvez personnaliser son contenu pour accéder rapidement aux applications et aux dossiers que vous utilisez fréquemment.

Épingler des applications :

- Cliquez avec le bouton droit sur une application dans la liste des applications et sélectionnez "Épingler au menu Démarrer" pour l'ajouter à votre Menu Démarrer.

Créer des groupes d'applications :

- Vous pouvez organiser vos applications en créant des groupes personnalisés sur le Menu Démarrer.

Exercice pratique :

1. Personnalisez votre Menu Démarrer en épinglant trois applications que vous utilisez fréquemment.
2. Créez un groupe personnalisé sur le Menu Démarrer et ajoutez-y ces applications épinglées.

Gestion des Comptes Utilisateurs

Si plusieurs personnes utilisent le même ordinateur, chaque utilisateur peut personnaliser son expérience en ayant son propre compte utilisateur.

Création d'un compte utilisateur :

- Allez dans les paramètres de Windows, sélectionnez "Comptes", puis "Famille et autres utilisateurs" pour ajouter un nouvel utilisateur.

Personnalisation du compte utilisateur :

- Chaque utilisateur peut personnaliser son propre fond d'écran, ses paramètres et ses applications.

Exercice pratique :

1. Créez un nouveau compte utilisateur sur votre ordinateur.
2. Personnalisez le Bureau, le Menu Démarrer et les paramètres pour ce nouveau compte.

Raccourcis Clavier Personnalisés

Personnaliser les raccourcis clavier peut améliorer considérablement votre productivité en vous permettant d'accéder rapidement à des fonctionnalités ou à des applications spécifiques.

Création de raccourcis clavier personnalisés :

- Allez dans les paramètres de Windows, sélectionnez "Système", puis "Raccourcis clavier" pour attribuer des combinaisons de touches à des applications ou à des actions spécifiques.

Exercice pratique :

1. Créez un raccourci clavier personnalisé pour lancer une application de votre choix.
2. Utilisez ce raccourci clavier pour ouvrir l'application.

Ce chapitre vous a montré comment personnaliser divers aspects de Windows, notamment le Bureau, le Menu Démarrer, les comptes utilisateurs et les raccourcis clavier. La personnalisation vous permet de rendre votre expérience informatique plus efficace et agréable. Dans les prochains chapitres, nous explorerons des compétences plus avancées, notamment la gestion des périphériques, la résolution des problèmes courants et la sauvegarde de vos données.

Liste d'exercices pour le chapitre 5

Exercice 1 : Changer le fond d'écran

- Changez le fond d'écran de votre Bureau pour une image de votre choix.

Exercice 2 : Personnaliser l'Écran de Verrouillage

- Personnalisez l'Écran de Verrouillage en utilisant une autre image ou un diaporama.

Exercice 3 : Sélectionner un thème

- Choisissez un thème parmi les options disponibles dans les paramètres de personnalisation.

Exercice 4 : Personnaliser les couleurs

- Personnalisez les couleurs de Windows pour adapter l'interface à votre préférence.

Exercice 5 : Épingler des applications

- Épinglez trois applications que vous utilisez fréquemment au Menu Démarrer.

Exercice 6 : Créer un groupe d'applications

- Créez un groupe personnalisé sur le Menu Démarrer et ajoutez-y les applications épinglées.

Exercice 7 : Créer un compte utilisateur

- Créez un nouveau compte utilisateur sur votre ordinateur.

Exercice 8 : Personnaliser un compte utilisateur

- Personnalisez le Bureau, le Menu Démarrer et les paramètres pour le nouveau compte utilisateur.

Exercice 9 : Créer un raccourci clavier

- Créez un raccourci clavier personnalisé pour lancer une application de votre choix.

Exercice 10 : Utiliser le raccourci clavier personnalisé

- Utilisez le raccourci clavier que vous avez créé pour ouvrir l'application rapidement.

Ces exercices pratiques vous permettront de maîtriser les compétences de personnalisation de Windows, y compris la personnalisation de l'apparence, la gestion du Menu Démarrer, la création de comptes utilisateurs et la création de raccourcis clavier personnalisés. Ils vous aideront à rendre votre expérience informatique plus efficace et à l'adapter à vos besoins spécifiques.

Chapitre 6 : Gestion des Périphériques

Nous allons plonger dans l'univers passionnant de la gestion des périphériques, une compétence essentielle qui vous permettra de donner vie à votre expérience informatique, d'explorer le monde numérique avec encore plus de facilité, et de découvrir comment ces outils peuvent enrichir votre culture et votre créativité.

Les périphériques, ce sont les extensions de votre ordinateur, les instruments qui vous permettent d'interagir avec le monde numérique de manière plus immersive et plus polyvalente. Imaginez votre ordinateur comme un orchestre, et les périphériques comme les instruments de musique. Chacun a son rôle à jouer, contribuant à créer une symphonie harmonieuse dans laquelle vous êtes le chef d'orchestre.

Des claviers ergonomiques aux souris précises, des écrans haute résolution aux imprimantes créatives, des tablettes graphiques aux casques audio immersifs, les périphériques sont les outils qui transforment votre ordinateur en une plateforme versatile. Ils sont les pinceaux et les toiles de votre créativité, les moyens par lesquels vous explorez, créez et interagissez avec le monde numérique.

La gestion des périphériques, c'est l'art de les faire fonctionner en harmonie avec votre ordinateur. C'est comme accorder chaque instrument de votre orchestre pour qu'ils jouent en parfaite synchronie. C'est aussi l'occasion de découvrir comment les périphériques peuvent vous aider à explorer la culture sous de nouvelles perspectives.

Dans ce chapitre, nous allons vous guider à travers la gestion des périphériques, vous montrer comment les configurer, les optimiser, et les utiliser de manière efficace, et vous révéler comment ils peuvent enrichir votre expérience culturelle numérique. Vous apprendrez à donner vie à votre créativité avec des outils spécialisés, à communiquer avec le monde de manière immersive, et à explorer la culture numérique sous de nouveaux angles.

Les périphériques sont les instruments de votre voyage numérique, et ce chapitre est une invitation à les maîtriser pour enrichir votre expérience culturelle. Chaque périphérique que vous ajoutez à votre arsenal devient un nouvel outil pour découvrir, créer, et interagir avec le monde numérique. Préparez-vous à diriger votre propre orchestre numérique et à explorer de nouvelles harmonies culturelles. Bienvenue dans l'univers de la gestion des périphériques !

Introduction à la gestion des périphériques

Les périphériques, tels que les imprimantes, les claviers, les souris et les écrans, sont essentiels pour étendre les capacités de votre ordinateur. Dans ce chapitre, nous explorerons comment connecter, configurer et gérer efficacement ces périphériques sur votre ordinateur Windows.

Pourquoi gérer les périphériques ?

- La gestion des périphériques vous permet d'utiliser différents matériels avec votre ordinateur, ce qui peut améliorer votre productivité et votre expérience utilisateur.
- Vous pouvez connecter des périphériques tels que des imprimantes, des scanners, des webcams, des haut-parleurs, et bien plus encore.

Connexion de périphériques USB

La plupart des périphériques modernes se connectent à votre ordinateur via des ports USB. Voici comment connecter un périphérique USB :

Étape 1 : Préparation

- Assurez-vous que votre ordinateur est allumé et que le périphérique est prêt à être connecté.

Étape 2 : Insérez le périphérique

- Insérez doucement le connecteur USB du périphérique dans un port USB disponible de votre ordinateur. Vous devriez entendre un son ou voir une notification indiquant que le périphérique est connecté.

Étape 3 : Configuration

- Suivez les instructions du fabricant du périphérique pour installer tout logiciel ou pilote nécessaire.

Exercice pratique :

1. Connectez une clé USB à un port USB de votre ordinateur.
2. Vérifiez si la clé USB est reconnue par votre ordinateur.

Configuration d'une imprimante

La configuration d'une imprimante est une tâche courante pour les utilisateurs d'ordinateurs. Voici comment configurer une imprimante :

Étape 1 : Connexion physique

- Connectez l'imprimante à votre ordinateur à l'aide d'un câble USB ou via une connexion sans fil (Wi-Fi ou Bluetooth).

Étape 2 : Installation des pilotes

- Insérez le CD ou suivez les instructions du fabricant pour installer les pilotes de l'imprimante.

Étape 3 : Configuration

- Configurez l'imprimante par défaut, les préférences d'impression et les paramètres de qualité.

Exercice pratique :

1. Connectez une imprimante à votre ordinateur en utilisant un câble USB ou une connexion sans fil.
2. Installez les pilotes de l'imprimante et configurez-la pour l'utiliser.

Gestion des Périphériques dans les Paramètres de Windows

Windows offre des paramètres dédiés pour gérer vos périphériques. Vous pouvez y configurer, mettre à jour et diagnostiquer vos périphériques.

Accès aux paramètres des périphériques :

- Allez dans les paramètres de Windows, puis sélectionnez "Périphériques".

Configuration des paramètres :

- Vous pouvez configurer les paramètres de périphériques tels que la souris, le clavier, l'écran, l'imprimante, et bien plus encore.

Exercice pratique :

1. Explorez les paramètres des périphériques dans les paramètres de Windows et familiarisez-vous avec les options disponibles.
2. Apportez des ajustements aux paramètres de votre souris ou de votre clavier selon vos préférences.

Ce chapitre vous a introduit à la gestion des périphériques sur votre ordinateur Windows, en mettant l'accent sur la connexion de périphériques USB, la configuration des imprimantes et l'accès aux paramètres de périphériques. Dans les pages suivantes, nous explorerons d'autres compétences liées à la gestion des périphériques, notamment la gestion des disques et la résolution des problèmes matériels courants.

Gestion des Disques et des Stockages Amovibles

La gestion des disques et des périphériques de stockage amovibles est essentielle pour gérer vos données et optimiser l'utilisation de l'espace de stockage de votre ordinateur.

Accès à la gestion des disques :

- Allez dans les paramètres de Windows, sélectionnez "Système", puis "Stockage".

Vérification de l'espace disque :

- Vous pouvez voir l'espace disponible sur vos disques durs, y compris les disques locaux et les disques amovibles.

Gestion des disques :

- Vous pouvez également formater des disques, créer des partitions, et attribuer des lettres de lecteur.

Exercice pratique :

1. Accédez à la gestion des disques dans les paramètres de Windows.
2. Vérifiez l'espace disponible sur votre disque dur principal.
3. Créez une nouvelle partition sur un disque amovible (par exemple, une clé USB).

Résolution des Problèmes Matériels Courants

Les problèmes matériels, tels que les périphériques qui ne fonctionnent pas correctement, sont courants. Voici quelques étapes de dépannage que vous pouvez suivre :

Étape 1 : Vérification des connexions

- Assurez-vous que tous les câbles sont correctement connectés et que les périphériques sont alimentés.

Étape 2 : Redémarrage

- Parfois, un simple redémarrage résout les problèmes matériels temporaires.

Étape 3 : Mises à jour des pilotes

- Mettez à jour les pilotes de périphériques en utilisant Windows Update ou en téléchargeant les pilotes du site du fabricant.

Étape 4 : Gestion des conflits

- Si plusieurs périphériques rencontrent des problèmes, il peut y avoir des conflits matériels. Gérez-les dans le Gestionnaire de Périphériques.

Exercice pratique :

1. Débranchez et rebranchez un périphérique (par exemple, une souris ou un clavier) pour vérifier s'il fonctionne correctement.
2. Consultez le Gestionnaire de Périphériques pour vérifier si tous vos périphériques sont correctement reconnus et fonctionnent sans problème.

Sauvegarde de Données

La sauvegarde de données est une étape cruciale pour protéger vos informations contre la perte due à des pannes matérielles ou des erreurs humaines.

Sauvegarde sur un disque dur externe :

- Utilisez un disque dur externe pour sauvegarder régulièrement vos fichiers importants.

Sauvegarde dans le Cloud :

- Utilisez des services de stockage en ligne tels que OneDrive ou Google Drive pour sauvegarder vos fichiers dans le cloud.

Planification de sauvegardes automatiques :

- Configurez des sauvegardes automatiques pour garantir que vos données sont constamment sauvegardées.

Exercice pratique :

1. Créez une sauvegarde de vos documents personnels sur un disque dur externe ou dans le cloud en utilisant un service de stockage en ligne.

Ce chapitre vous a montré comment gérer les périphériques, y compris la connexion de périphériques USB, la configuration des imprimantes, la gestion des disques, la résolution des problèmes matériels courants et la sauvegarde de données. La gestion efficace des périphériques et la sauvegarde régulière de vos données sont essentielles pour maintenir un ordinateur en bon état de fonctionnement et pour prévenir la perte de données. Dans les prochains chapitres, nous explorerons d'autres compétences avancées en informatique pour vous aider à devenir plus autonome sur votre ordinateur Windows.

Liste d'exercices pour le chapitre 6

Exercice 1 : Connexion d'un périphérique USB

- Connectez un périphérique USB (clé USB, souris, clavier, etc.) à votre ordinateur et assurez-vous qu'il est correctement reconnu.

Exercice 2 : Configuration d'une imprimante

- Configurez une imprimante en utilisant un câble USB ou une connexion sans fil. Assurez-vous qu'elle est prête à imprimer.

Exercice 3 : Vérification de l'espace disque

- Accédez aux paramètres de stockage de Windows et vérifiez l'espace disponible sur votre disque dur principal.

Exercice 4 : Création d'une nouvelle partition

- Utilisez la gestion des disques pour créer une nouvelle partition sur un disque amovible (par exemple, une clé USB).

Exercice 5 : Résolution de problèmes matériels

- Débranchez et rebranchez un périphérique (par exemple, une souris ou un clavier) pour résoudre un éventuel problème de connexion.

Exercice 6 : Mises à jour des pilotes

- Mettez à jour les pilotes d'un périphérique en utilisant Windows Update ou en téléchargeant les pilotes du site du fabricant.

Exercice 7 : Gestion des conflits matériels

- Consultez le Gestionnaire de Périphériques pour identifier et résoudre des conflits matériels, le cas échéant.

Exercice 8 : Sauvegarde de fichiers sur un disque dur externe

- Créez une sauvegarde de vos fichiers importants sur un disque dur externe en utilisant l'outil de sauvegarde intégré à Windows.

Exercice 9 : Sauvegarde dans le Cloud

- Configurez un service de stockage en ligne (par exemple, OneDrive ou Google Drive) pour sauvegarder automatiquement des fichiers dans le cloud.

Exercice 10 : Planification de sauvegardes automatiques

- Mettez en place une planification de sauvegardes automatiques pour sauvegarder régulièrement vos fichiers importants sur un disque dur externe ou dans le cloud.

Ces exercices pratiques vous aideront à développer vos compétences en gestion des périphériques, en résolution de problèmes matériels et en sauvegarde de données. Ils vous permettront d'être mieux préparé à gérer votre ordinateur Windows de manière autonome.

Chapitre 7 : Navigation sur Internet

Nous repartons pour un voyage encore plus profond dans les méandres passionnants de la navigation sur Internet. Alors que nous avons déjà plongé dans cet univers, ce chapitre nous permettra d'approfondir notre compréhension et d'explorer les bienfaits culturels exceptionnels que l'Internet a à offrir.

L'Internet, c'est bien plus qu'un simple outil. C'est un portail qui relie le monde entier, une passerelle vers une multitude de cultures, de connaissances et d'expériences. Chaque site web que vous visitez, chaque article que vous lisez, chaque vidéo que vous regardez est une fenêtre ouverte sur une partie du globe, une invitation à découvrir une culture différente, une source de connaissances inestimable.

La navigation sur Internet, c'est comme une expédition autour du monde, sans quitter votre domicile. Vous pouvez explorer des trésors culturels cachés, vous immerger dans des traditions lointaines, et discuter avec des personnes du monde entier sans quitter votre fauteuil. C'est une fenêtre sur la diversité culturelle de notre planète, une opportunité de dialogue interculturel sans frontières.

Dans ce chapitre, nous allons vous montrer comment tirer pleinement parti de la navigation sur Internet pour enrichir votre culture, explorer de nouvelles perspectives, et découvrir des merveilles culturelles que vous n'auriez jamais imaginées. Vous apprendrez à trouver des ressources culturelles, à participer à des communautés internationales, et à élargir vos horizons d'une manière que vous n'auriez jamais cru possible.

La navigation sur Internet vous offre une opportunité unique d'explorer, d'apprendre et de vous connecter avec le monde. Chaque clic, chaque site web que vous visitez est une nouvelle étape dans votre voyage culturel, une invitation à explorer et à comprendre les diversités qui font notre monde.

Préparez-vous à embarquer pour une aventure qui transcende les frontières géographiques et culturelles. Ce chapitre est une invitation à vous immerger dans la culture numérique mondiale, à explorer de nouveaux horizons et à découvrir les trésors cachés de l'Internet. Bienvenue dans l'exploration culturelle sans limites de la navigation sur Internet !

Introduction à la navigation sur Internet

Naviguer sur Internet est l'une des activités les plus courantes que vous pouvez faire sur votre ordinateur. Dans ce chapitre, nous explorerons les bases de la navigation sur Internet, de la gestion des navigateurs web à la recherche d'informations en ligne en passant par la sécurité en ligne.

Pourquoi apprendre à naviguer sur Internet ?

- Internet est une source inestimable d'informations, de divertissement et de communication.
- Vous pouvez rechercher des informations, envoyer des emails, utiliser les médias sociaux, faire du shopping en ligne, et bien plus encore.

Utilisation d'un Navigateur Web

Un navigateur web est l'outil principal que vous utiliserez pour accéder à Internet. Il existe de nombreux navigateurs, mais les plus courants sont Microsoft Edge, Google Chrome, Mozilla Firefox et Safari. Voici comment utiliser un navigateur web :

Étape 1 : Lancement du navigateur

- Cliquez sur l'icône du navigateur sur votre Bureau ou dans la barre des tâches pour le lancer.

Étape 2 : Saisie de l'URL

- Dans la barre d'adresse, saisissez l'URL du site web que vous souhaitez visiter (par exemple, www.google.com) et appuyez sur "Entrée".

Étape 3 : Navigation sur le site

- Utilisez les boutons de navigation pour aller en arrière, en avant ou rafraîchir la page.

Exercice pratique :

1. Lancez votre navigateur web (par exemple, Microsoft Edge ou Google Chrome).
2. Accédez à un site web de votre choix en saisissant son URL dans la barre d'adresse.

Effectuer des Recherches en Ligne

L'une des principales utilisations d'Internet est la recherche d'informations. Les moteurs de recherche, tels que Google, vous permettent de trouver rapidement ce que vous cherchez.

Étape 1 : Accéder à un moteur de recherche

- Ouvrez votre navigateur web et accédez à la page d'accueil d'un moteur de recherche (par exemple, www.google.com).

Étape 2 : Saisie de la requête

- Saisissez les mots-clés de votre recherche dans la barre de recherche du moteur (par exemple, "recettes de cuisine faciles").

Étape 3 : Affichage des résultats

- Cliquez sur "Rechercher" pour afficher les résultats de la recherche. Vous pouvez cliquer sur les liens pour accéder aux pages web pertinentes.

Exercice pratique :

1. Accédez à un moteur de recherche comme Google.
2. Effectuez une recherche sur un sujet de votre choix et explorez les résultats.

Sécurité en Ligne

La sécurité en ligne est essentielle pour protéger vos informations personnelles et éviter les menaces en ligne. Voici quelques conseils de sécurité :

Utilisation de mots de passe forts :

- Créez des mots de passe uniques et complexes pour vos comptes en ligne.

Mise à jour des logiciels :

- Gardez votre navigateur web et votre système d'exploitation à jour pour bénéficier des derniers correctifs de sécurité.

Éviter les sites web suspects :

- Méfiez-vous des sites web douteux et ne téléchargez pas de fichiers à partir de sources non fiables.

Exercice pratique :

1. Assurez-vous que vos mots de passe en ligne sont forts et uniques.
2. Vérifiez si votre navigateur web est à jour et effectuez les mises à jour nécessaires.

Ce chapitre vous a introduit aux bases de la navigation sur Internet, y compris l'utilisation d'un navigateur web, la recherche en ligne et les principes de base de la sécurité en ligne. Dans les prochaines pages, nous explorerons davantage de sujets liés à Internet, tels que la communication en ligne, les médias sociaux et la gestion des emails.

Communication en Ligne

Internet offre de nombreuses possibilités pour communiquer en ligne avec d'autres personnes, que ce soit par le biais de courriels, de messages instantanés ou de vidéoconférences.

La messagerie électronique (email) :

- Vous pouvez envoyer et recevoir des messages électroniques à partir de votre boîte de réception.

Les messageries instantanées :

- Utilisez des applications de messagerie instantanée telles que WhatsApp, Facebook Messenger ou Skype pour discuter en temps réel avec des amis et des collègues.

Les vidéoconférences :

- Les services de vidéoconférence tels que Zoom et Microsoft Teams permettent de tenir des réunions virtuelles avec vidéo et audio.

Exercice pratique :

1. Créez un compte de messagerie électronique si vous n'en avez pas déjà un.
2. Envoyez un email à une personne de votre choix.

Médias Sociaux

Les médias sociaux sont une partie intégrante d'Internet, permettant aux utilisateurs de se connecter, de partager du contenu et de communiquer avec d'autres personnes à travers le monde.

Inscription sur les réseaux sociaux :

- Créez un compte sur des plateformes de médias sociaux telles que Facebook, Twitter ou Instagram.

Partage de contenu :

- Publiez des photos, des vidéos et des messages sur votre profil pour interagir avec vos amis et votre famille.

Interaction avec d'autres utilisateurs :

- Commentez, aimez et partagez les publications d'autres utilisateurs.

Exercice pratique :

1. Créez un compte sur une plateforme de médias sociaux de votre choix.
2. Publiez un message ou une photo sur votre profil.

Gestion des Emails

La gestion efficace des emails est essentielle pour maintenir une boîte de réception organisée et éviter de manquer des messages importants.

Tri des emails :

- Utilisez des dossiers ou des libellés pour organiser vos emails en fonction de leur contenu.

Réponses et archivage :

- Répondez aux emails rapidement et archivez ceux que vous avez traités.

Filtres d'email :

- Configurez des filtres pour trier automatiquement les emails entrants.

Exercice pratique :

1. Organisez votre boîte de réception en créant des dossiers ou des libellés.
2. Configurez un filtre pour déplacer automatiquement les emails de newsletters vers un dossier spécifique.

Éviter les Pièges en Ligne

Naviguer sur Internet comporte des risques, et il est important de savoir comment éviter les pièges en ligne.

Phishing :

- Méfiez-vous des emails ou des sites web frauduleux qui tentent de voler vos informations personnelles.

Logiciels malveillants :

- Évitez de télécharger des fichiers à partir de sources non fiables pour éviter les logiciels malveillants.

Sécurité des mots de passe :

- Utilisez des mots de passe forts et un gestionnaire de mots de passe pour protéger vos comptes en ligne.

Exercice pratique :

1. Identifiez les signes d'un email de phishing (par exemple, des fautes d'orthographe, des demandes de mots de passe, etc.).
2. Assurez-vous que vos mots de passe en ligne sont sécurisés en utilisant des combinaisons de lettres, de chiffres et de caractères spéciaux.

Ce chapitre vous a présenté les bases de la navigation sur Internet, y compris l'utilisation d'un navigateur web, la recherche en ligne, la communication en ligne, les médias sociaux, la gestion des emails et les précautions de sécurité en ligne. À mesure que vous explorez davantage Internet, assurez-vous de rester conscient des pratiques de sécurité pour protéger vos informations personnelles et profiter pleinement de ce vaste monde en ligne.

Liste d'exercices pour le chapitre 7

Exercice 1 : Utilisation d'un navigateur web

- Lancez un navigateur web de votre choix (par exemple, Google Chrome) et visitez un site web que vous appréciez.

Exercice 2 : Effectuer une recherche en ligne

- Utilisez un moteur de recherche pour rechercher des informations sur un sujet qui vous intéresse. Consultez au moins deux sources différentes.

Exercice 3 : Envoyer un email

- Envoyez un email à un ami ou à un membre de votre famille en utilisant votre compte de messagerie électronique.

Exercice 4 : Réunion en ligne

- Utilisez une plateforme de vidéoconférence (comme Zoom ou Microsoft Teams) pour organiser une réunion virtuelle avec un ami ou un collègue.

Exercice 5 : Créer un compte sur les médias sociaux

- Créez un compte sur une plateforme de médias sociaux de votre choix (par exemple, Facebook, Twitter ou Instagram).

Exercice 6 : Publier sur les médias sociaux

- Publiez une photo ou un message sur votre profil de médias sociaux et interagissez avec les commentaires et les likes.

Exercice 7 : Organiser votre boîte de réception

- Créez des dossiers ou des libellés dans votre boîte de réception de messagerie électronique pour mieux organiser vos emails.

Exercice 8 : Gestion des filtres d'email

- Configurez un filtre pour trier automatiquement les emails entrants (par exemple, déplacez les newsletters vers un dossier spécifique).

Exercice 9 : Reconnaître le phishing

- Analysez un email suspect et identifiez les signes de phishing, tels que les fautes d'orthographe ou les demandes de mots de passe.

Exercice 10 : Renforcer la sécurité des mots de passe

- Mettez à jour les mots de passe de vos comptes en ligne avec des combinaisons de lettres, de chiffres et de caractères spéciaux, et utilisez un gestionnaire de mots de passe pour les gérer.

Ces exercices pratiques vous aideront à développer vos compétences en navigation sur Internet, en communication en ligne, en gestion des emails et en sécurité en ligne. Ils vous permettront d'explorer et d'utiliser Internet de manière plus efficace et sécurisée.

Chapitre 8 : Productivité et Gestion des Fichiers

Nous allons plonger dans l'art de la productivité et de la gestion des fichiers, deux compétences essentielles qui vous permettront de libérer tout le potentiel de votre ordinateur pour enrichir votre vie, votre culture et votre créativité.

L'ordinateur est bien plus qu'un simple outil de divertissement. C'est un compagnon de travail puissant, un assistant qui peut vous aider à accomplir des tâches, à créer des projets, et à organiser votre vie de manière plus efficace. La productivité, c'est comme apprendre à jouer d'un instrument de musique, à maîtriser une nouvelle langue ou à devenir un artiste accompli. C'est l'art de tirer le meilleur parti de vos ressources numériques pour atteindre vos objectifs.

La gestion des fichiers est la clé qui vous permettra d'organiser vos idées, vos projets, et vos découvertes culturelles de manière ordonnée et accessible. C'est comme avoir une bibliothèque personnelle bien rangée, où chaque livre est à portée de main lorsque vous en avez besoin. C'est aussi la compétence qui vous permettra de préserver vos souvenirs, de collaborer avec d'autres esprits créatifs, et de participer activement à la culture numérique.

Dans ce chapitre, nous allons explorer en détail les outils et les techniques qui vous aideront à devenir plus productif, plus organisé, et plus créatif. Vous découvrirez comment gérer efficacement vos fichiers, comment créer et éditer des documents, comment planifier et suivre vos projets, et comment tirer parti des outils de productivité pour explorer la culture et la créativité numériques.

La productivité et la gestion des fichiers sont comme les outils d'un artisan numérique. Chaque projet que vous entreprendrez, chaque découverte que vous ferez deviendra une pierre précieuse dans la construction de votre expérience culturelle et numérique. C'est une compétence qui vous aidera à devenir un explorateur accompli du monde numérique, un créateur inspiré, et un gestionnaire efficace de vos ressources numériques.

Alors, préparez-vous à plonger dans l'art de la productivité et de la gestion des fichiers, à libérer votre créativité, à organiser vos idées et à enrichir votre vie grâce à ces compétences essentielles. Ce chapitre est une invitation à maîtriser l'art de la productivité et de la gestion des fichiers pour explorer, créer et réussir dans le monde numérique. Bienvenue dans le royaume de l'efficacité et de la créativité !

Introduction à la Productivité Informatique

La productivité informatique consiste à utiliser efficacement votre ordinateur pour accomplir des tâches et atteindre vos objectifs. Dans ce chapitre, nous explorerons les outils et les méthodes qui vous aideront à être plus productif et à gérer vos fichiers de manière organisée.

Pourquoi améliorer votre productivité informatique ?

- La productivité informatique peut vous faire gagner du temps et vous permettre d'accomplir davantage de tâches en moins de temps.
- Une gestion efficace des fichiers vous aide à trouver rapidement ce dont vous avez besoin.

Utilisation des Outils de Productivité

Les ordinateurs offrent de nombreux outils pour augmenter votre productivité. Parmi les plus courants, citons :

Suite bureautique :

- Utilisez des applications telles que Microsoft Office (Word, Excel, PowerPoint) pour la création de documents, de feuilles de calcul et de présentations.

Applications de gestion de tâches :

- Utilisez des applications comme Microsoft To Do ou Todoist pour organiser vos tâches et suivre votre travail.

Applications de prise de notes :

- Utilisez des applications de prise de notes comme Microsoft OneNote ou Evernote pour capturer rapidement des idées et des informations.

Exercice pratique :

1. Créez un document simple dans une suite bureautique de votre choix (par exemple, Microsoft Word) en utilisant différentes polices, tailles de texte et couleurs.

Gestion des Fichiers et des Dossiers

La gestion des fichiers et des dossiers est essentielle pour garder votre ordinateur organisé. Voici quelques bonnes pratiques :

Structure de dossiers :

- Organisez vos fichiers dans des dossiers logiques pour les retrouver facilement.

Nommage de fichiers :

- Donnez des noms de fichiers descriptifs pour identifier rapidement leur contenu.

Sauvegarde régulière :

- Effectuez des sauvegardes régulières de vos fichiers importants pour éviter les pertes de données.

Exercice pratique :

1. Créez une structure de dossiers sur votre ordinateur pour organiser vos fichiers (par exemple, Documents > Travail > Projet 1).
2. Renommez un fichier en utilisant un nom descriptif.

Utilisation d'outils de Recherche de Fichiers

Lorsque vous avez de nombreux fichiers, trouver celui dont vous avez besoin peut être un défi. Heureusement, les outils de recherche de fichiers sont là pour vous aider.

Recherche de fichiers :

- Utilisez la fonction de recherche de votre ordinateur pour trouver rapidement des fichiers par leur nom ou leur contenu.

Filtres de recherche :

- Affinez vos résultats de recherche en utilisant des filtres, tels que la date de modification ou le type de fichier.

Recherche avancée :

- Utilisez des opérateurs de recherche avancée pour des recherches plus spécifiques.

Exercice pratique :

1. Utilisez la fonction de recherche de votre ordinateur pour trouver un fichier spécifique.
2. Explorez les options de recherche avancée pour affiner les résultats.

Personnalisation de votre Espace de Travail

Votre ordinateur peut être adapté à vos besoins spécifiques en personnalisant votre espace de travail.

Fonds d'écran et thèmes :

- Choisissez des fonds d'écran et des thèmes qui vous inspirent et vous motivent.

Barre des tâches et menu Démarrer :

- Épinglez des applications et des dossiers fréquemment utilisés pour un accès rapide.

Gadgets et widgets :

- Utilisez des gadgets ou des widgets pour afficher des informations en temps réel sur votre écran.

Exercice pratique :

1. Personnalisez votre fond d'écran et votre thème pour donner à votre ordinateur une apparence qui vous plaît.

2. Épinglez des applications ou des dossiers sur votre barre des tâches ou dans le menu Démarrer pour un accès rapide.

Ce chapitre vous a introduit à l'importance de la productivité informatique, à l'utilisation d'outils de productivité, à la gestion des fichiers et des dossiers, à la recherche de fichiers et à la personnalisation de votre espace de travail. Les compétences de productivité informatique sont essentielles pour maximiser votre efficacité lorsque vous utilisez un ordinateur Windows. Dans les prochaines pages, nous explorerons davantage de sujets pour améliorer votre productivité.

Raccourcis Clavier pour la Productivité

Les raccourcis clavier sont des combinaisons de touches qui vous permettent d'effectuer des actions plus rapidement que de passer par des menus et des icônes. Voici quelques raccourcis clavier courants :

Copier (Ctrl + C) et Coller (Ctrl + V) :

- Utilisez ces raccourcis pour copier du texte ou des fichiers d'un endroit à un autre.

Couper (Ctrl + X) et Coller (Ctrl + V) :

- Coupez du texte ou des fichiers pour les déplacer d'un endroit à un autre.

Annuler (Ctrl + Z) et Rétablir (Ctrl + Y) :

- Annulez ou rétablissez la dernière action que vous avez effectuée.

Sélectionner tout (Ctrl + A) :

- Sélectionnez tous les éléments dans une fenêtre ou un document.

Exercice pratique :

1. Ouvrez un document texte et utilisez les raccourcis clavier pour copier, couper, coller, annuler et rétablir des morceaux de texte.
2. Essayez le raccourci "Sélectionner tout" dans un document avec du texte.

Utilisation des Fonctions Avancées de Gestion de Fichiers

La gestion de fichiers ne se limite pas à la création et au classement de fichiers et de dossiers. Vous pouvez également utiliser des fonctions avancées pour gagner du temps et de l'efficacité.

Renommer en masse :

- Renommez plusieurs fichiers à la fois en utilisant des modèles de noms.

Copie et déplacement intelligents :

- Apprenez à utiliser les fonctionnalités de copie et de déplacement avancées pour éviter de dupliquer des fichiers.

Archivage et compression :

- Créez des archives de fichiers pour économiser de l'espace de stockage et simplifier le partage de fichiers.

Exercice pratique :

1. Renommez plusieurs fichiers en utilisant un modèle de nom (par exemple, ajoutez un préfixe ou un suffixe commun).
2. Créez une archive de fichiers en regroupant plusieurs fichiers dans un seul fichier compressé.

Utilisation d'Applications de Gestion de Tâches

Les applications de gestion de tâches vous aident à planifier et à organiser vos activités quotidiennes.

Création de tâches :

- Saisissez vos tâches et définissez des dates d'échéance.

Listes de tâches :

- Organisez vos tâches en listes ou en catégories.

Rappels :

- Configurez des rappels pour ne pas oublier les tâches importantes.

Exercice pratique :

1. Téléchargez et installez une application de gestion de tâches de votre choix.
2. Créez une liste de tâches pour votre journée, y compris des rappels pour certaines tâches.

Productivité en Mobilité

L'informatique ne se limite pas à votre ordinateur de bureau. Vous pouvez être productif en déplacement en utilisant des appareils mobiles tels que les smartphones et les tablettes.

Applications mobiles :

- Utilisez des applications mobiles pour accéder à vos emails, gérer vos tâches et prendre des notes en déplacement.

Synchronisation :

- Synchronisez vos données entre vos appareils pour un accès cohérent.

Stockage dans le Cloud :

- Utilisez des services de stockage en ligne pour accéder à vos fichiers depuis n'importe où.

Exercice pratique :

1. Installez une application de gestion de tâches sur votre smartphone et créez une liste de tâches.
2. Utilisez un service de stockage en ligne pour accéder à un fichier depuis votre smartphone ou une autre tablette.

Ce chapitre vous a montré comment améliorer votre productivité informatique en utilisant des outils de productivité, en gérant vos fichiers de manière efficace, en utilisant des raccourcis clavier, en explorant des fonctions avancées de gestion de fichiers, en utilisant des applications de gestion de tâches et en restant productif en mobilité. La productivité informatique est essentielle pour tirer le meilleur parti de votre ordinateur et de vos appareils mobiles. Dans les prochaines pages, nous approfondirons davantage la productivité et l'efficacité informatiques.

Liste d'exercices pratiques pour le chapitre 8

Exercice 1 : Création de documents

- Utilisez une suite bureautique (par exemple, Microsoft Word) pour créer un document de texte avec un titre, des paragraphes et une liste à puces.

Exercice 2 : Gestion des fichiers

- Organisez vos fichiers en créant une structure de dossiers pour différents types de fichiers (documents, images, vidéos, etc.).

Exercice 3 : Recherche de fichiers

- Utilisez la fonction de recherche de votre ordinateur pour localiser un fichier spécifique sur votre disque dur.

Exercice 4 : Raccourcis clavier

- Pratiquez l'utilisation de raccourcis clavier courants tels que Copier (Ctrl + C), Coller (Ctrl + V) et Annuler (Ctrl + Z) dans un document texte.

Exercice 5 : Renommer en masse

- Renommez plusieurs fichiers en utilisant un modèle de nom (par exemple, ajoutez un préfixe commun à plusieurs fichiers).

Exercice 6 : Applications de gestion de tâches

- Téléchargez une application de gestion de tâches sur votre ordinateur ou smartphone, créez une liste de tâches et attribuez des dates d'échéance à certaines d'entre elles.

Exercice 7 : Compression de fichiers

- Créez une archive ZIP contenant plusieurs fichiers, puis extrayez-les.

Exercice 8 : Personnalisation de votre espace de travail

- Personnalisez le fond d'écran, les icônes sur le bureau et les couleurs de votre ordinateur pour le rendre plus à votre goût.

Exercice 9 : Productivité en mobilité

- Installez une application de gestion de tâches sur votre smartphone ou tablette, créez une tâche et assurez-vous qu'elle se synchronise avec votre ordinateur.

Exercice 10 : Synchronisation de fichiers

- Utilisez un service de stockage en ligne (comme Dropbox ou Google Drive) pour synchroniser un fichier entre votre ordinateur et votre appareil mobile.

Ces exercices pratiques vous aideront à développer vos compétences en productivité informatique et en gestion de fichiers, en utilisant des outils de productivité, en maîtrisant les raccourcis clavier et en explorant des fonctions avancées de gestion de fichiers. Ils vous permettront d'optimiser votre utilisation de l'ordinateur et de rester organisé dans vos activités quotidiennes.

Chapitre 9 : Entretien et Sécurité de l'Ordinateur

Alors que nous progressons dans notre exploration, il est temps de plonger dans l'art essentiel de l'entretien et de la sécurité de l'ordinateur. Ces compétences sont cruciales pour maintenir votre expérience numérique fluide, sécurisée et prête à explorer tout ce que le monde numérique a à offrir.

L'ordinateur, tel un véhicule de découverte culturelle, requiert un entretien régulier pour rester performant et fiable. Imaginez-le comme une machine complexe qui a besoin de soins, d'attention et de protection. L'entretien de l'ordinateur, c'est comme veiller sur un trésor culturel précieux, en s'assurant qu'il reste accessible et en bon état pour vous permettre d'explorer et de créer.

La sécurité de l'ordinateur est tout aussi importante. Lorsque vous naviguez sur Internet, partagez des informations, ou explorez des contenus culturels, la sécurité est la clé pour protéger votre vie numérique. C'est comme verrouiller les portes de votre bibliothèque pour empêcher les intrus d'accéder à vos trésors culturels.

Dans ce chapitre, nous allons vous guider à travers les meilleures pratiques d'entretien et de sécurité de l'ordinateur. Vous apprendrez comment maintenir votre ordinateur en bon état de fonctionnement, comment prévenir les problèmes courants, et comment protéger vos données et votre vie privée dans le monde numérique. Vous découvrirez également comment ces compétences peuvent contribuer à une expérience numérique plus enrichissante en vous permettant d'explorer la culture en toute sécurité.

L'entretien et la sécurité de l'ordinateur sont comme les gardiens de votre voyage numérique. Ils veillent sur vos découvertes culturelles, vos projets créatifs et vos précieuses données, vous permettant de naviguer en toute confiance dans le monde numérique. C'est une compétence qui vous aidera à préserver la richesse de votre expérience numérique et à continuer à explorer, créer et apprendre en toute tranquillité.

Alors, préparez-vous à devenir le gardien de votre propre expérience numérique, à apprendre à protéger vos trésors culturels et à entretenir votre véhicule de découverte. Ce chapitre est une invitation à maîtriser l'art de l'entretien et de la sécurité de l'ordinateur pour explorer et profiter pleinement de la richesse du monde numérique. Bienvenue dans l'univers de la vigilance et de la protection numérique !

Introduction à l'Entretien de l'Ordinateur

L'entretien de votre ordinateur est essentiel pour garantir son bon fonctionnement et sa sécurité à long terme. Dans ce chapitre, nous explorerons les pratiques d'entretien de base et les mesures de sécurité pour votre ordinateur Windows.

L'importance de l'entretien de l'ordinateur :

- L'entretien régulier prolonge la durée de vie de votre ordinateur.
- Il améliore les performances en supprimant les fichiers inutiles.

Mises à Jour Système

Les mises à jour système sont des correctifs et des améliorations apportés par le fabricant de votre système d'exploitation

(Microsoft, dans ce cas) pour résoudre des problèmes de sécurité et de performance.

Activation des mises à jour automatiques :

- Activez les mises à jour automatiques pour garantir que votre système est toujours à jour.

Vérification des mises à jour manuellement :

- Vous pouvez également vérifier manuellement les mises à jour à tout moment.

Exercice pratique :

1. Activez les mises à jour automatiques sur votre ordinateur si ce n'est pas déjà fait.
2. Vérifiez manuellement les mises à jour système.

Nettoyage de Disque

Le nettoyage de disque est une opération visant à supprimer les fichiers inutiles de votre ordinateur pour libérer de l'espace disque.

Étape 1 : Ouvrir l'outil Nettoyage de disque :

- Recherchez "Nettoyage de disque" dans le menu Démarrer.

Étape 2 : Sélectionner le lecteur à nettoyer :

- Choisissez le lecteur que vous souhaitez nettoyer, généralement "C:".

Étape 3 : Sélectionner les fichiers à supprimer :

- Cochez les types de fichiers à supprimer, tels que les fichiers temporaires et les fichiers de la corbeille.

Exercice pratique :

1. Utilisez l'outil Nettoyage de disque pour supprimer les fichiers temporaires de votre ordinateur.

Gestion des Programmes et des Applications

La gestion des programmes et des applications est essentielle pour maintenir un ordinateur propre et efficace.

Désinstallation de programmes :

- Supprimez les programmes que vous n'utilisez plus pour libérer de l'espace disque.

Mise à jour des applications :

- Gardez vos applications tierces à jour pour améliorer la sécurité et la stabilité.

Exercice pratique :

1. Désinstallez un programme que vous n'utilisez plus sur votre ordinateur.
2. Mettez à jour une application tierce que vous avez installée.

Protection contre les Logiciels Malveillants

La protection contre les logiciels malveillants est cruciale pour la sécurité de votre ordinateur.

Utilisation d'un logiciel antivirus :

- Installez un logiciel antivirus pour détecter et supprimer les menaces.

Analyse régulière :

- Planifiez des analyses régulières de votre système.

Éviter les téléchargements suspects :

- Soyez prudent lors du téléchargement de logiciels depuis des sources non fiables.

Exercice pratique :

1. Installez un logiciel antivirus sur votre ordinateur si ce n'est pas déjà fait.
2. Effectuez une analyse complète de votre système pour détecter les menaces potentielles.

Sauvegarde de Données

La sauvegarde de données est une mesure de sécurité essentielle pour éviter la perte de fichiers importants.

Utilisation de sauvegardes automatiques :

- Configurez des sauvegardes automatiques pour copier vos fichiers sur un périphérique externe.

Stockage dans le cloud :

- Utilisez des services de stockage en ligne pour sauvegarder vos fichiers dans le cloud.

Sauvegarde des fichiers importants :

- Assurez-vous de sauvegarder régulièrement vos fichiers importants.

Exercice pratique :

1. Configurez une sauvegarde automatique de vos fichiers sur un périphérique externe ou dans le cloud.

Ce chapitre vous a introduit à l'entretien de l'ordinateur, y compris les mises à jour système, le nettoyage de disque, la gestion des programmes, la protection contre les logiciels malveillants et la sauvegarde de données. Ces pratiques sont essentielles pour maintenir votre ordinateur en bon état de fonctionnement et assurer la sécurité de vos données. Dans les prochaines pages, nous explorerons davantage de mesures de sécurité informatique.

Pare-feu et Sécurité du Réseau

Le pare-feu est une barrière de sécurité qui protège votre ordinateur contre les menaces provenant d'Internet.

Activation du pare-feu Windows :

- Assurez-vous que le pare-feu Windows est activé pour bloquer les connexions non autorisées.

Sécurité du réseau domestique :

- Protégez votre réseau domestique en utilisant un mot de passe fort pour votre Wi-Fi.

Sécurité des réseaux publics :

- Soyez prudent lorsque vous vous connectez à des réseaux Wi-Fi publics, car ils peuvent être moins sécurisés.

Exercice pratique :

1. Vérifiez si le pare-feu Windows est activé sur votre ordinateur et assurez-vous qu'il est bien configuré pour bloquer les menaces.

Gestion des Mots de Passe

La gestion des mots de passe est cruciale pour la sécurité en ligne.

Utilisation d'un gestionnaire de mots de passe :

- Utilisez un gestionnaire de mots de passe pour stocker en toute sécurité et générer des mots de passe forts.

Mots de passe forts :

- Créez des mots de passe forts en combinant des lettres, des chiffres et des caractères spéciaux.

Éviter la réutilisation de mots de passe :

- Ne réutilisez pas le même mot de passe pour plusieurs comptes en ligne.

Exercice pratique :

1. Installez un gestionnaire de mots de passe et utilisez-le pour générer et stocker des mots de passe forts pour vos comptes en ligne.

Sensibilisation à la Sécurité Informatique

La sensibilisation à la sécurité informatique est essentielle pour éviter les pièges en ligne.

Phishing :

- Soyez vigilant face aux emails ou aux sites web suspects qui tentent de voler vos informations personnelles.

Téléchargements sécurisés :

- Évitez de télécharger des fichiers ou des logiciels à partir de sources non fiables.

Mises à jour régulières :

- Gardez vos logiciels, y compris le système d'exploitation et les applications, à jour.

Exercice pratique :

1. Identifiez les signes d'un email de phishing et soyez capable de distinguer les emails légitimes des emails suspects.

Sauvegarde et Récupération

La sauvegarde régulière de vos données est essentielle pour prévenir la perte de fichiers importants.

Plan de sauvegarde :

- Élaborez un plan de sauvegarde pour vos fichiers essentiels.

Sauvegarde automatique :

- Configurez des sauvegardes automatiques pour que vos fichiers soient copiés régulièrement.

Récupération de données :

- Soyez prêt à utiliser vos sauvegardes en cas de besoin.

Exercice pratique :

1. Élaborez un plan de sauvegarde pour vos fichiers importants et configurez des sauvegardes automatiques.

Sécurité des Emails

Les emails peuvent être une source de menaces en ligne, il est donc important de les sécuriser.

Filtrage des emails :

- Utilisez des filtres pour bloquer les spams et les emails suspects.

Ne cliquez pas sur les liens suspects :

- Méfiez-vous des liens inconnus ou suspects dans les emails.

Vérification des pièces jointes :

- Soyez prudent lorsque vous ouvrez des pièces jointes, même si elles proviennent de sources connues.

Exercice pratique :

1. Configurez des filtres dans votre client de messagerie pour bloquer les spams et les emails suspects.

Ce chapitre vous a présenté les pratiques essentielles d'entretien et de sécurité de l'ordinateur, y compris les mises à jour système, le nettoyage de disque, la gestion des programmes, la protection contre les logiciels malveillants, la sauvegarde de données, le pare-feu, la gestion des mots de passe, la sensibilisation à la sécurité informatique, la sauvegarde et la sécurité des emails. Ces mesures sont essentielles pour maintenir votre ordinateur en bon état de fonctionnement et pour protéger vos données personnelles. Dans les prochaines pages, nous approfondirons davantage la sécurité informatique.

Liste d'exercices pour le chapitre 9

Exercice 1 : Mises à jour système

- Assurez-vous que les mises à jour automatiques sont activées sur votre ordinateur. Si ce n'est pas le cas, activez-les.

Exercice 2 : Nettoyage de disque

- Utilisez l'outil Nettoyage de disque pour supprimer les fichiers temporaires de votre ordinateur.

Exercice 3 : Désinstallation de programmes

- Désinstallez un programme que vous n'utilisez plus sur votre ordinateur.

Exercice 4 : Analyse antivirus

- Effectuez une analyse complète de votre système à l'aide de votre logiciel antivirus pour détecter les menaces potentielles.

Exercice 5 : Configuration d'une sauvegarde automatique

- Configurez une sauvegarde automatique de vos fichiers importants vers un périphérique externe ou dans le cloud.

Exercice 6 : Vérification du pare-feu

- Vérifiez si le pare-feu Windows est activé sur votre ordinateur et assurez-vous qu'il est bien configuré pour bloquer les menaces.

Exercice 7 : Gestion des mots de passe

- Installez un gestionnaire de mots de passe et utilisez-le pour générer et stocker des mots de passe forts pour vos comptes en ligne.

Exercice 8 : Sensibilisation à la sécurité informatique

- Identifiez les signes d'un email de phishing en analysant un exemple d'email suspect.

Exercice 9 : Plan de sauvegarde

- Élaborez un plan de sauvegarde pour vos fichiers importants, en spécifiant quels fichiers seront sauvegardés et à quelle fréquence.

Exercice 10 : Filtrage des emails

- Configurez des filtres dans votre client de messagerie pour bloquer les spams et les emails suspects, puis vérifiez votre boîte de réception pour voir comment ils fonctionnent.

Ces exercices pratiques vous aideront à mettre en pratique les compétences et les mesures de sécurité abordées dans le chapitre 9. Ils vous permettront d'entretenir et de sécuriser efficacement votre ordinateur Windows, ainsi que de protéger vos données personnelles en ligne.

Chapitre 10 : Personnalisation Avancée et Astuces Informatiques

À ce stade de notre voyage, vous avez déjà acquis une solide base de compétences informatiques. Aujourd'hui, nous allons plonger dans le monde passionnant de la personnalisation avancée et des astuces informatiques. Ce chapitre est une invitation à repousser les limites de votre expérience numérique, à explorer des possibilités avancées et à découvrir des astuces qui enrichiront votre culture et votre créativité numériques.

Votre ordinateur est une toile en constante évolution, une plateforme sur laquelle vous pouvez laisser libre cours à votre créativité et à votre curiosité. La personnalisation avancée, c'est comme la magie qui transforme votre ordinateur en un espace numérique qui reflète parfaitement votre style, vos intérêts et vos besoins. Les astuces informatiques, ce sont les clés qui vous permettent de déverrouiller des fonctionnalités cachées, d'optimiser vos tâches et d'explorer de nouvelles façons de tirer parti de votre outil numérique.

Imaginez que chaque aspect de votre expérience numérique, depuis l'apparence de votre bureau jusqu'aux raccourcis clavier, soit entièrement adapté à votre manière de travailler, de créer et d'explorer. Imaginez que vous ayez à votre disposition des astuces qui vous permettent d'accomplir des tâches complexes en un instant, de découvrir de nouvelles fonctionnalités et de maximiser votre efficacité.

Dans ce chapitre, nous allons vous montrer comment personnaliser votre environnement numérique de manière avancée, vous présenter des astuces informatiques qui simplifieront votre vie numérique, et vous révéler comment ces compétences peuvent enrichir votre expérience culturelle et créative. Vous découvrirez comment créer un espace numérique qui vous ressemble, comment personnaliser des fonctionnalités avancées pour répondre à vos besoins spécifiques, et comment exploiter des astuces pour explorer la culture numérique sous de nouveaux angles.

La personnalisation avancée et les astuces informatiques sont comme les touches finales d'une œuvre d'art numérique. Elles transforment votre expérience numérique en une expression personnelle, en une machine puissante qui vous aide à explorer, à créer et à apprendre d'une manière unique. C'est une compétence qui vous permet de repousser les limites de votre expérience numérique et d'explorer de nouvelles dimensions de la culture numérique.

Alors, préparez-vous à plonger dans le monde de la personnalisation avancée et des astuces informatiques, à laisser libre cours à votre créativité, à optimiser votre productivité et à explorer de nouvelles facettes du monde numérique. Ce chapitre est une invitation à maîtriser l'art de la personnalisation avancée et des astuces informatiques pour enrichir votre expérience numérique et embrasser la culture numérique dans toute sa diversité. Bienvenue dans l'univers de la personnalisation et de l'innovation numériques !

Introduction à la Personnalisation Avancée

La personnalisation avancée de votre ordinateur Windows vous permet de le configurer selon vos préférences spécifiques et d'explorer des astuces pour optimiser votre expérience informatique. Dans ce chapitre, nous aborderons diverses façons de personnaliser votre système et de tirer le meilleur parti de Windows.

Pourquoi personnaliser votre ordinateur ?

- La personnalisation améliore votre productivité en adaptant l'ordinateur à votre façon de travailler.
- Vous pouvez personnaliser l'apparence pour rendre l'ordinateur plus agréable à utiliser.

Personnalisation de l'Interface Utilisateur

L'interface utilisateur de Windows est hautement personnalisable, vous permettant d'ajuster l'apparence de votre bureau selon vos goûts.

Thèmes et fonds d'écran :

- Choisissez parmi une variété de thèmes et de fonds d'écran pour personnaliser l'apparence de votre bureau.

Couleurs d'accentuation :

- Définissez vos couleurs d'accentuation préférées pour les éléments de l'interface utilisateur.

Barre des tâches et menu Démarrer :

- Personnalisez la barre des tâches en y épinglant des applications et des dossiers importants.

Exercice pratique :

1. Personnalisez l'apparence de votre bureau en appliquant un nouveau thème et un fond d'écran de votre choix.
2. Personnalisez les couleurs d'accentuation de votre interface utilisateur.

Personnalisation du Menu Démarrer

Le Menu Démarrer est l'une des parties les plus importantes de l'interface utilisateur. Vous pouvez le personnaliser pour accéder rapidement aux applications et aux dossiers dont vous avez besoin.

Épingler des tuiles :

- Épinglez vos applications et dossiers préférés pour un accès rapide depuis le Menu Démarrer.

Groupes de tuiles :

- Organisez vos tuiles en groupes pour une meilleure organisation.

Personnalisation des tuiles dynamiques :

- Configurez les tuiles dynamiques pour afficher des informations en temps réel.

Exercice pratique :

1. Réorganisez et personnalisez le Menu Démarrer en épinglant des applications et en créant des groupes de tuiles.
2. Personnalisez les tuiles dynamiques pour afficher les informations qui vous intéressent.

Personnalisation des Notifications

Les notifications vous permettent de rester informé de ce qui se passe sur votre ordinateur. Vous pouvez les personnaliser pour éviter d'être submergé.

Gestion des notifications :

- Configurez quelles applications sont autorisées à envoyer des notifications.

Mode ne pas déranger :

- Activez le mode ne pas déranger pour bloquer temporairement les notifications.

Exercice pratique :

1. Personnalisez les paramètres de notification pour autoriser uniquement les notifications des applications que vous jugez importantes.
2. Activez le mode ne pas déranger et vérifiez comment il affecte les notifications.

Astuces Informatiques

Ce chapitre comprend également des astuces informatiques pour optimiser votre utilisation de Windows. Nous aborderons des raccourcis clavier utiles, des fonctionnalités cachées et d'autres astuces pour améliorer votre productivité.

Exemple d'astuce :

- Utilisation de raccourcis clavier pour une navigation rapide.

Exercice pratique :

1. Essayez l'une des astuces informatiques mentionnées pour améliorer votre efficacité dans l'utilisation de Windows.

Ce chapitre vous a introduit à la personnalisation avancée de l'interface utilisateur de Windows, y compris la personnalisation du bureau, du Menu Démarrer et des notifications. Il vous a également présenté des astuces informatiques pour optimiser votre expérience informatique. Dans les prochaines pages, nous explorerons davantage de méthodes de personnalisation et d'astuces informatiques.

Personnalisation du Bureau Virtuel

Le Bureau Virtuel est une fonctionnalité de Windows qui vous permet d'organiser vos fenêtres et vos applications en plusieurs espaces de travail virtuels.

Création de bureaux virtuels :

- Apprenez à créer et à gérer des bureaux virtuels pour organiser vos tâches.

Déplacement d'applications entre les bureaux :

- Déplacez des applications d'un bureau virtuel à un autre pour une meilleure organisation.

Utilisation des raccourcis clavier :

- Utilisez des raccourcis clavier pour basculer entre les bureaux virtuels.

Exercice pratique :

1. Créez deux bureaux virtuels et organisez différentes applications sur chacun d'entre eux.
2. Utilisez les raccourcis clavier pour passer d'un bureau virtuel à un autre.

Personnalisation du Menu Contextuel

Le menu contextuel est le menu qui apparaît lorsque vous faites un clic droit sur un fichier ou un dossier. Vous pouvez le personnaliser pour y ajouter des options personnalisées.

Ajout d'éléments au menu contextuel :

- Apprenez à ajouter des options personnalisées au menu contextuel pour simplifier les tâches répétitives.

Suppression d'éléments inutiles :

- Supprimez les entrées indésirables du menu contextuel pour le rendre plus propre.

Exercice pratique :

1. Ajoutez une option personnalisée au menu contextuel d'un fichier ou d'un dossier.
2. Supprimez une entrée du menu contextuel que vous jugez inutile.

Raccourcis Clavier Avancés

Les raccourcis clavier avancés vous permettent d'accomplir des tâches plus rapidement et plus efficacement.

Raccourcis de fenêtre :

- Utilisez des raccourcis pour gérer les fenêtres, comme maximiser, minimiser et déplacer.

Raccourcis système :

- Apprenez des raccourcis système pour accéder rapidement aux fonctionnalités telles que le Gestionnaire de tâches.

Exercice pratique :

1. Utilisez les raccourcis clavier pour maximiser, minimiser et déplacer des fenêtres ouvertes.
2. Utilisez un raccourci système pour ouvrir le Gestionnaire de tâches.

Astuces pour la Recherche

La fonction de recherche de Windows est puissante et peut vous aider à trouver rapidement des fichiers et des applications.

Utilisation de mots-clés :

- Saisissez des mots-clés dans la barre de recherche pour affiner vos résultats.

Recherche dans les fichiers :

- Recherchez du contenu à l'intérieur de fichiers, pas seulement des noms de fichiers.

Utilisation de filtres de recherche :

- Utilisez des filtres pour trier les résultats de recherche par type de fichier.

Exercice pratique :

1. Utilisez la fonction de recherche de Windows pour trouver un fichier ou une application spécifique en utilisant des mots-clés.
2. Effectuez une recherche dans le contenu d'un fichier pour trouver une information spécifique.

Personnalisation de l'Explorateur de Fichiers

L'Explorateur de Fichiers est l'outil principal pour la gestion de fichiers sur votre ordinateur. Vous pouvez le personnaliser pour une meilleure expérience.

Affichage personnalisé :

- Configurez l'Explorateur de Fichiers pour afficher les éléments de la manière qui vous convient le mieux.

Options de tri :

- Utilisez les options de tri pour organiser les fichiers et dossiers selon vos préférences.

Exercice pratique :

1. Personnalisez l'affichage de l'Explorateur de Fichiers pour qu'il corresponde à vos préférences.

2. Triez les fichiers dans un dossier en utilisant différentes options de tri.

Ce chapitre a exploré la personnalisation avancée de Windows, y compris la personnalisation du bureau virtuel, du menu contextuel, des raccourcis clavier avancés, de la recherche, et de l'Explorateur de Fichiers. Vous avez également découvert des astuces pour améliorer votre productivité informatique. Les connaissances acquises dans ce chapitre vous aideront à optimiser votre expérience avec Windows et à personnaliser votre environnement informatique en fonction de vos besoins. Dans les prochaines pages, nous aborderons d'autres aspects avancés de l'informatique.

Liste d'exercices pratiques pour le chapitre 10

Exercice 1 : Personnalisation du Bureau

- Changez le thème et le fond d'écran de votre bureau. Personnalisez les couleurs d'accentuation de l'interface utilisateur.

Exercice 2 : Personnalisation du Menu Démarrer

- Réorganisez et personnalisez le Menu Démarrer en épinglant des applications et en créant des groupes de tuiles.

Exercice 3 : Personnalisation des Notifications

- Configurez les paramètres de notification pour autoriser uniquement les notifications des applications importantes. Activez le mode ne pas déranger et testez-le.

Exercice 4 : Création de Bureaux Virtuels

- Créez deux bureaux virtuels et organisez différentes applications sur chacun d'entre eux. Utilisez les raccourcis clavier pour basculer entre les bureaux virtuels.

Exercice 5 : Personnalisation du Menu Contextuel

- Ajoutez une option personnalisée au menu contextuel d'un fichier ou d'un dossier. Supprimez une entrée du menu contextuel que vous jugez inutile.

Exercice 6 : Utilisation des Raccourcis Clavier Avancés

- Utilisez les raccourcis clavier pour maximiser, minimiser et déplacer des fenêtres ouvertes. Utilisez un raccourci système pour ouvrir le Gestionnaire de tâches.

Exercice 7 : Astuces pour la Recherche

- Utilisez la fonction de recherche de Windows pour trouver un fichier ou une application spécifique en utilisant des mots-clés. Effectuez une recherche dans le contenu d'un fichier pour trouver une information spécifique.

Exercice 8 : Personnalisation de l'Explorateur de Fichiers

- Personnalisez l'affichage de l'Explorateur de Fichiers pour qu'il corresponde à vos préférences. Triez les fichiers dans un dossier en utilisant différentes options de tri.

Exercice 9 : Création de Raccourcis Personnalisés

- Créez un raccourci personnalisé pour une application que vous utilisez fréquemment et placez-le sur votre bureau.

Exercice 10 : Gestion des Fenêtres et des Espaces de Travail

- Pratiquez la gestion des fenêtres en utilisant les raccourcis clavier pour les déplacer entre les bureaux virtuels que vous avez créés.

Ces exercices pratiques vous aideront à mettre en pratique les compétences de personnalisation avancée et les astuces informatiques que vous avez apprises dans le chapitre 10. Ils vous permettront de personnaliser votre expérience informatique et d'optimiser votre productivité en utilisant Windows de manière plus efficace.

Chapitre 11 : Sauvegarde et Récupération de Système

Nous allons plonger dans l'univers crucial de la sauvegarde et de la récupération de système, deux compétences essentielles qui vous permettront de préserver vos trésors numériques, d'assurer la pérennité de votre expérience numérique, et de continuer à explorer, à créer et à apprendre en toute confiance.

L'ordinateur est votre compagnon de voyage dans le monde numérique, et tout comme un explorateur prudent prépare son équipement et prend des mesures pour prévenir les imprévus, vous devez veiller à protéger vos précieux souvenirs, vos projets créatifs et vos découvertes culturelles. La sauvegarde et la récupération de système sont comme l'assurance qui vous permet de sauvegarder vos données et de revenir sur vos pas en cas de besoin.

Imaginez que votre ordinateur est un navire en haute mer, naviguant à travers les océans du numérique. La sauvegarde, c'est comme conserver une carte détaillée de votre voyage, une trace de vos découvertes et de vos expériences. La récupération de système, c'est comme avoir une bouée de sauvetage pour vous ramener à bon port en cas de tempête numérique.

Dans ce chapitre, nous allons vous guider à travers les meilleures pratiques de sauvegarde et de récupération de système. Vous apprendrez comment protéger vos données les plus précieuses, comment éviter les pertes catastrophiques, et comment vous préparer à toute éventualité numérique. Vous découvrirez également comment ces compétences peuvent vous aider à explorer la culture numérique avec tranquillité d'esprit.

La sauvegarde et la récupération de système sont les gardiens de votre expérience numérique. Ils vous permettent de continuer à explorer, à créer et à apprendre en toute confiance, sachant que vos trésors numériques sont en sécurité. C'est une compétence qui vous donne l'assurance nécessaire pour pousser toujours plus loin dans le monde numérique, en sachant que vous avez un filet de sécurité en cas de besoin.

Alors, préparez-vous à devenir l'archiviste de vos aventures numériques, à apprendre à préserver vos précieuses données et à vous préparer à toute éventualité. Ce chapitre est une invitation à maîtriser l'art de la sauvegarde et de la récupération de système pour continuer à explorer et à profiter pleinement de la richesse du monde numérique. Bienvenue dans l'univers de la préservation et de la tranquillité d'esprit numérique !

Introduction à la Sauvegarde et à la Récupération

La sauvegarde et la récupération de système sont des aspects cruciaux de la gestion de votre ordinateur. Dans ce chapitre, nous explorerons les méthodes de sauvegarde pour protéger vos données importantes et les étapes de récupération en cas de problème avec votre système Windows.

Pourquoi la sauvegarde est-elle importante ?

- La sauvegarde prévient la perte de données en cas de panne matérielle ou de problème logiciel.
- Elle permet de restaurer votre système en cas de défaillance.

Méthodes de Sauvegarde

Il existe plusieurs méthodes de sauvegarde que vous pouvez utiliser pour protéger vos données.

Sauvegarde sur un disque dur externe :

- Copiez vos fichiers importants sur un disque dur externe régulièrement.

Sauvegarde dans le cloud :

- Utilisez des services de stockage en ligne pour sauvegarder vos fichiers dans le cloud.

Sauvegarde système :

- Effectuez une sauvegarde complète de votre système d'exploitation, y compris les fichiers système.

Exercice pratique :

1. Effectuez une sauvegarde de vos fichiers importants sur un disque dur externe.
2. Configurez une sauvegarde automatique dans un service de stockage en ligne de votre choix.

Planification des Sauvegardes

La planification des sauvegardes garantit que vos données sont sauvegardées régulièrement.

Plan de sauvegarde :

- Élaborez un plan de sauvegarde pour déterminer quels fichiers seront sauvegardés et à quelle fréquence.

Sauvegardes automatiques :

- Configurez des sauvegardes automatiques pour éviter d'oublier de sauvegarder régulièrement.

Vérification des sauvegardes :

- Vérifiez régulièrement que vos sauvegardes sont complètes et fonctionnent correctement.

Exercice pratique :

1. Élaborez un plan de sauvegarde qui détaille quels fichiers vous sauvegarderez et à quelle fréquence.
2. Configurez des sauvegardes automatiques selon votre plan.

Restauration de Fichiers et de Système

La récupération de fichiers et de système vous permet de restaurer vos données en cas de problème.

Restauration de fichiers :

- Apprenez à restaurer des fichiers individuels à partir de vos sauvegardes.

Restauration du système :

- Restaurez votre système d'exploitation à partir d'une sauvegarde système en cas de problème majeur.

Création de médias de récupération :

- Préparez des médias de récupération pour restaurer votre système en cas de panne totale.

Exercice pratique :

1. Restaurez un fichier à partir de votre sauvegarde.
2. Créez des médias de récupération pour votre système.

Maintenance des Sauvegardes

La maintenance régulière de vos sauvegardes garantit leur efficacité.

Suppression des anciennes sauvegardes :

- Supprimez les anciennes sauvegardes pour libérer de l'espace de stockage.

Mises à jour du plan de sauvegarde :

- Révisez périodiquement votre plan de sauvegarde pour l'adapter à vos besoins actuels.

Exercice pratique :

1. Supprimez une sauvegarde obsolète pour libérer de l'espace sur votre disque dur externe.
2. Révisez votre plan de sauvegarde pour vous assurer qu'il est toujours adapté à vos besoins.

Utilisation d'Outils de Récupération de Windows

Windows offre des outils intégrés pour la récupération en cas de problème grave.

Options de récupération :

- Apprenez à accéder aux options de récupération de Windows.

Réinitialisation de Windows :

- Réinitialisez Windows en conservant ou supprimant vos fichiers personnels.

Exercice pratique :

1. Accédez aux options de récupération de Windows et explorez les fonctionnalités disponibles.
2. Exécutez une réinitialisation de Windows en conservant vos fichiers personnels.

Ce chapitre vous a introduit à l'importance de la sauvegarde et de la récupération de système, ainsi qu'aux méthodes de sauvegarde, à la planification des sauvegardes, à la restauration de fichiers et de système, à la maintenance des sauvegardes et à l'utilisation d'outils de récupération intégrés à Windows. Ces connaissances sont essentielles pour protéger vos données et garantir la continuité de votre expérience informatique en cas de problème. Dans le prochain chapitre, nous aborderons des sujets avancés liés à l'optimisation de la performance de votre ordinateur.

Optimisation de la Performance de l'Ordinateur

Optimiser la performance de votre ordinateur est essentiel pour garantir qu'il fonctionne de manière fluide et efficace. Dans ce chapitre, nous explorerons des astuces et des techniques pour améliorer les performances de votre système Windows.

Pourquoi optimiser la performance ?

- Une performance optimale signifie un fonctionnement plus rapide et plus efficace de votre ordinateur.
- Cela permet d'éviter les ralentissements et les blocages.

Gestion des Programmes au Démarrage

Les programmes qui se lancent au démarrage de votre ordinateur peuvent ralentir son démarrage et sa performance globale.

Désactivation des programmes au démarrage :

- Désactivez les programmes inutiles qui se lancent automatiquement au démarrage.

Utilisation du Gestionnaire des tâches :

- Utilisez le Gestionnaire des tâches pour gérer les programmes au démarrage.

Exercice pratique :

1. Utilisez le Gestionnaire des tâches pour désactiver un ou plusieurs programmes au démarrage de votre ordinateur.

Nettoyage du Disque Dur

Un disque dur encombré peut ralentir votre ordinateur. Le nettoyage du disque dur est une étape importante de l'optimisation des performances.

Utilisation de l'outil Nettoyage de disque :

- Utilisez l'outil Nettoyage de disque pour supprimer les fichiers temporaires et inutiles.

Désinstallation de programmes inutiles :

- Désinstallez les programmes que vous n'utilisez plus pour libérer de l'espace.

Exercice pratique :

1. Utilisez l'outil Nettoyage de disque pour supprimer les fichiers temporaires de votre ordinateur.
2. Désinstallez un programme que vous n'utilisez plus.

Gestion des Services Windows

Les services Windows sont des processus en arrière-plan qui peuvent avoir un impact sur la performance.

Désactivation des services inutiles :

- Désactivez les services Windows inutiles pour libérer des ressources.

Utilisation de la configuration des services :

- Utilisez la configuration des services pour gérer les services Windows.

Exercice pratique :

1. Identifiez un service Windows qui n'est pas nécessaire pour vos besoins et désactivez-le.

Mise à Jour des Pilotes

Les pilotes de périphériques sont essentiels pour le fonctionnement de votre matériel. Les mettre à jour peut améliorer la performance.

Vérification des mises à jour de pilotes :

- Vérifiez régulièrement s'il existe des mises à jour de pilotes pour vos périphériques.

Mise à jour manuelle des pilotes :

- Mettez à jour manuellement les pilotes si nécessaire.

Exercice pratique :

1. Vérifiez s'il existe des mises à jour de pilotes pour l'un de vos périphériques et installez-les si elles sont disponibles.

Défragmentation du Disque Dur

La défragmentation du disque dur peut améliorer la performance en réorganisant les fichiers.

Planification de la défragmentation :

- Planifiez des défragmentations régulières pour maintenir la performance.

Utilisation de l'outil de défragmentation :

- Utilisez l'outil de défragmentation pour optimiser la disposition des fichiers sur le disque dur.

Exercice pratique :

1. Planifiez une défragmentation régulière de votre disque dur et exécutez-la si elle n'a pas encore été effectuée.

Ajout de Mémoire RAM

L'ajout de mémoire RAM peut considérablement améliorer la performance de votre ordinateur.

Vérification de la capacité de la mémoire :

- Vérifiez la capacité de votre mémoire RAM actuelle.

Ajout de mémoire RAM :

- Si nécessaire, envisagez d'ajouter de la mémoire RAM à votre ordinateur.

Exercice pratique :

1. Vérifiez la capacité de votre mémoire RAM actuelle en utilisant les paramètres système de Windows.

2. Si votre ordinateur manque de mémoire RAM et que cela affecte les performances, envisagez d'ajouter de la mémoire RAM.

Ce chapitre vous a présenté des techniques pour optimiser la performance de votre ordinateur Windows, y compris la gestion des programmes au démarrage, le nettoyage du disque dur, la gestion des services Windows, la mise à jour des pilotes, la défragmentation du disque dur et l'ajout de mémoire RAM. Ces compétences vous permettront d'assurer un fonctionnement fluide et efficace de votre ordinateur, quelles que soient les tâches que vous accomplissez. Dans le dernier chapitre, nous discuterons des meilleures pratiques en matière de maintenance et de sécurité continue de votre ordinateur.

Liste d'exercices pour le chapitre 11

Exercice 1 : Sauvegarde de Fichiers Importants

- Effectuez une sauvegarde de vos fichiers importants sur un disque dur externe.

Exercice 2 : Sauvegarde dans le Cloud

- Configurez une sauvegarde automatique dans un service de stockage en ligne de votre choix.

Exercice 3 : Planification de Sauvegardes

- Élaborez un plan de sauvegarde qui détaille quels fichiers vous sauvegarderez et à quelle fréquence.

Exercice 4 : Restauration de Fichiers

- Restaurez un fichier à partir de votre sauvegarde.

Exercice 5 : Désactivation de Programmes au Démarrage

- Utilisez le Gestionnaire des tâches pour désactiver un ou plusieurs programmes au démarrage de votre ordinateur.

Exercice 6 : Nettoyage du Disque Dur

- Utilisez l'outil Nettoyage de disque pour supprimer les fichiers temporaires de votre ordinateur.

Exercice 7 : Désactivation de Services Windows

- Identifiez un service Windows qui n'est pas nécessaire pour vos besoins et désactivez-le.

Exercice 8 : Mise à Jour de Pilotes

- Vérifiez s'il existe des mises à jour de pilotes pour l'un de vos périphériques et installez-les si elles sont disponibles.

Exercice 9 : Défragmentation du Disque Dur

- Planifiez une défragmentation régulière de votre disque dur et exécutez-la si elle n'a pas encore été effectuée.

Exercice 10 : Vérification de la Mémoire RAM

- Utilisez les paramètres système de Windows pour vérifier la capacité de votre mémoire RAM actuelle.

Ces exercices pratiques vous aideront à mettre en pratique les compétences liées à la sauvegarde, à la récupération de système et à l'optimisation de la performance de votre ordinateur. Ils vous permettront de maintenir votre système en bon état de fonctionnement et de protéger vos données importantes.

Chapitre 12 : Maintenance et Sécurité Continue de Votre Ordinateur

Alors que nous approchons de la fin de notre voyage, nous abordons un sujet essentiel : la maintenance et la sécurité continue de votre ordinateur. Ce chapitre clôture notre exploration en vous montrant comment entretenir votre outil numérique, assurer sa sécurité à long terme, et continuer à profiter des bienfaits culturels du numérique en toute quiétude.

L'ordinateur est un compagnon précieux dans votre quête de découverte culturelle, de créativité et de savoir. Tout comme un explorateur veille sur son équipement et maintient son navire en bon état, vous devez prendre soin de votre ordinateur pour qu'il continue à vous accompagner dans ce voyage numérique riche en expériences.

La maintenance, c'est comme les soins de santé de votre ordinateur. Vous le maintenez en forme, assurez qu'il fonctionne à son meilleur, et prévenez les problèmes avant qu'ils ne surviennent. La sécurité continue, c'est comme verrouiller les portes de votre navire pour empêcher les intrus d'accéder à vos trésors culturels.

Dans ce chapitre, nous allons vous guider à travers les meilleures pratiques de maintenance et de sécurité continue de votre ordinateur. Vous apprendrez comment garder votre système d'exploitation à jour, comment maintenir la performance de votre matériel, et comment protéger votre ordinateur contre les menaces numériques. Vous découvrirez comment ces compétences vous permettront de maintenir une expérience numérique fluide et de continuer à explorer, à créer et à apprendre en toute confiance.

La maintenance et la sécurité continue de votre ordinateur sont les gardiens de votre voyage numérique à long terme. Ils vous permettent de préserver vos trésors culturels, vos souvenirs numériques, et votre sécurité en ligne, vous donnant la confiance nécessaire pour continuer à explorer et à enrichir votre expérience numérique.

Alors, préparez-vous à devenir le gardien de votre outil numérique, à apprendre à entretenir votre ordinateur comme un explorateur prudent et à maintenir la sécurité de votre voyage numérique. Ce chapitre est une invitation à maîtriser l'art de la maintenance et de la sécurité continue de votre ordinateur pour explorer et profiter pleinement de la richesse du monde numérique en toute tranquillité. Bienvenue dans l'univers de la préservation et de la sécurité numérique à long terme !

Introduction à la Maintenance Continue

La maintenance continue de votre ordinateur est essentielle pour garantir son bon fonctionnement à long terme et pour le protéger contre les menaces de sécurité. Dans ce dernier chapitre, nous aborderons les meilleures pratiques en matière de maintenance et de sécurité informatique pour maintenir votre ordinateur en bon état de marche et vos données en sécurité.

Pourquoi la maintenance et la sécurité sont-elles importantes ?

- La maintenance régulière prolonge la durée de vie de votre ordinateur.
- La sécurité informatique protège vos données contre les menaces en ligne.

Mises à Jour de Windows

Les mises à jour de Windows sont essentielles pour maintenir votre système à jour et sécurisé.

Mises à jour automatiques :

- Activez les mises à jour automatiques pour garantir que votre système reçoit les dernières corrections de sécurité.

Vérification manuelle des mises à jour :

- Vérifiez régulièrement si des mises à jour sont disponibles, surtout si vous désactivez les mises à jour automatiques.

Exercice pratique :

1. Activez les mises à jour automatiques de Windows si ce n'est pas déjà fait.
2. Vérifiez manuellement si des mises à jour sont disponibles pour votre système.

Protection Antivirus et Antimalware

La protection antivirus et antimalware est cruciale pour prévenir les infections par des logiciels malveillants.

Installation d'un logiciel antivirus :

- Installez un logiciel antivirus fiable et maintenez-le à jour.

Scans réguliers :

- Planifiez des scans réguliers de votre système à la recherche de logiciels malveillants.

Exercice pratique :

1. Installez un logiciel antivirus si vous n'en avez pas déjà un.
2. Effectuez un scan complet de votre système à la recherche de logiciels malveillants.

Protection des Données

La protection de vos données est essentielle pour éviter les pertes de données.

Sauvegarde continue :

- Continuez à sauvegarder régulièrement vos fichiers importants.

Utilisation de mots de passe forts :

- Utilisez des mots de passe forts pour protéger vos comptes en ligne et vos données.

Sécurité des réseaux sociaux :

- Soyez conscient des risques de sécurité liés à l'utilisation des réseaux sociaux.

Exercice pratique :

1. Effectuez une sauvegarde de vos fichiers importants.
2. Mettez à jour vos mots de passe en utilisant des mots de passe forts.

Gestion des Mises à Jour des Logiciels

Les mises à jour des logiciels tiers sont importantes pour combler les failles de sécurité.

Mises à jour automatiques des logiciels :

- Activez les mises à jour automatiques pour les logiciels tiers lorsque c'est possible.

Vérification manuelle des mises à jour :

- Vérifiez régulièrement si des mises à jour des logiciels tiers sont disponibles.

Exercice pratique :

1. Activez les mises à jour automatiques pour les logiciels tiers si cette option est proposée.
2. Vérifiez manuellement si des mises à jour sont disponibles pour les logiciels tiers que vous utilisez.

Surveillance de la Performance

Surveiller la performance de votre ordinateur vous permet de détecter les problèmes potentiels.

Utilisation du Gestionnaire des tâches :

- Utilisez le Gestionnaire des tâches pour surveiller l'utilisation des ressources.

Détection précoce des problèmes :

- Soyez attentif aux signes de ralentissements ou de problèmes de performance.

Exercice pratique :

1. Utilisez le Gestionnaire des tâches pour surveiller l'utilisation des ressources de votre ordinateur.
2. Soyez attentif aux signes de ralentissements ou de problèmes de performance.

Protection de la Vie Privée en Ligne

Protéger votre vie privée en ligne est essentiel dans un monde de plus en plus connecté.

Utilisation d'un VPN :

- Envisagez l'utilisation d'un VPN pour protéger votre vie privée en ligne.

Gestion des autorisations d'application :

- Gérez les autorisations d'application pour limiter l'accès à vos données personnelles.

Exercice pratique :

1. Envisagez l'utilisation d'un VPN pour protéger votre vie privée en ligne.
2. Passez en revue et gérez les autorisations d'application sur votre système.

Sensibilisation aux Menaces en Ligne

Soyez conscient des menaces en ligne et adoptez des pratiques sécurisées.

Phishing et escroqueries en ligne :

- Soyez prudent face aux e-mails et aux sites web suspects.

Sécurité des mots de passe :

- Utilisez des gestionnaires de mots de passe pour gérer vos identifiants en toute sécurité.

Éducation en sécurité informatique :

- Continuez à vous informer sur les dernières menaces en ligne et les meilleures pratiques de sécurité.

Exercice pratique :

1. Soyez vigilant face aux e-mails et aux sites web suspects.
2. Utilisez un gestionnaire de mots de passe pour gérer vos identifiants en toute sécurité.

Conclusion

La maintenance continue et la sécurité informatique sont des aspects essentiels de l'utilisation de votre ordinateur. En adoptant les meilleures pratiques discutées dans ce chapitre, vous pouvez maintenir votre système en bon état de marche, protéger vos données et vous assurer que votre expérience informatique reste positive et sécurisée. Continuez à être conscient des évolutions en matière de sécurité informatique et adaptez vos pratiques en conséquence.

Chapitre 13 : Les Caractéristiques Techniques d'un Ordinateur

Dans ce chapitre, nous allons explorer les caractéristiques techniques essentielles d'un ordinateur. Comprendre ces spécifications vous permettra de choisir un ordinateur qui répond le mieux à vos besoins. Nous aborderons des termes tels que les unités de mesure, la taille de l'écran, la résolution d'écran, la mémoire RAM, la taille du disque dur, et les types de disques durs.

Unités de Mesure

Avant de plonger dans les détails techniques, il est essentiel de comprendre les unités de mesure couramment utilisées en informatique :

- **Bit (b)** : La plus petite unité de données, représentée par 0 ou 1.
- **Octet (Byte, B)** : Groupe de 8 bits. C'est l'unité de base pour mesurer la taille de la mémoire et du stockage.
- **Kilooctet (Ko, KB)** : Équivalent à 1 024 octets.
- **Mégaoctet (Mo, MB)** : Équivalent à 1 024 Ko ou 1 048 576 octets.
- **Gigaoctet (Go, GB)** : Équivalent à 1 024 Mo ou 1 073 741 824 octets.
- **Téraoctet (To, TB)** : Équivalent à 1 024 Go ou 1 099 511 627 776 octets.

Taille de l'Écran en Pouces

La taille de l'écran d'un ordinateur est mesurée en pouces (1 pouce équivaut à environ 2,54 cm). Une taille d'écran plus grande offre généralement une meilleure expérience visuelle, mais peut rendre l'ordinateur plus encombrant. Vous devriez choisir la taille d'écran qui correspond à vos préférences et à l'utilisation prévue de votre ordinateur.

Résolution d'Écran en Pixels

La résolution d'écran est le nombre de pixels qui composent l'affichage. Elle est généralement exprimée en largeur x hauteur (par exemple, 1920 x 1080 pixels). Une résolution plus élevée signifie une image plus nette et plus de contenu visible à l'écran. La résolution d'écran est un facteur essentiel à considérer si vous prévoyez de regarder des vidéos, de retoucher des photos ou de jouer à des jeux.

Mémoire RAM en Go

La mémoire RAM (Random Access Memory) est l'endroit où l'ordinateur stocke temporairement les données auxquelles il accède fréquemment. Une mémoire RAM plus grande permet à l'ordinateur de traiter plus rapidement les tâches et d'exécuter plusieurs applications simultanément. Pour des tâches de base, 4 Go de RAM peuvent suffire, mais pour des utilisations plus intensives, telles que la retouche photo ou la création de contenu, il est recommandé d'avoir 8 Go ou plus.

Taille du Disque Dur en Go et Types de Disques Durs

Le disque dur (ou SSD, Solid State Drive) est l'endroit où l'ordinateur stocke de manière permanente vos fichiers, applications et le système d'exploitation. La taille du disque dur est mesurée en gigaoctets (Go) ou téraoctets (To), et elle détermine la capacité de stockage de l'ordinateur. Le choix de la taille dépendra de la quantité de données que vous prévoyez de stocker.

Il existe deux types principaux de disques durs :

- **Disque Dur HDD (Hard Disk Drive)** : Ces disques sont moins chers et offrent une grande capacité de stockage, mais ils sont plus lents que les SSD.
- **Disque Dur SSD (Solid State Drive)** : Les SSD sont plus rapides, plus fiables et plus durables que les HDD, mais ils sont généralement plus chers pour une capacité de stockage similaire.

Le type de disque dur que vous choisissez dépendra de vos besoins en vitesse et en capacité de stockage. Pour un équilibre entre les deux, de nombreux utilisateurs optent pour un SSD pour le système d'exploitation et les applications, tout en ajoutant un disque dur HDD supplémentaire pour le stockage de données.

En comprenant ces caractéristiques techniques, vous serez mieux équipé pour choisir l'ordinateur qui répond à vos besoins. Lors de l'achat d'un nouvel ordinateur, assurez-vous de prendre en compte ces éléments pour garantir une expérience informatique optimale.

Conseils pour acheter son ordinateur

L'achat d'un ordinateur est une décision importante, et il est essentiel de prendre en compte plusieurs facteurs pour choisir l'appareil qui convient le mieux à vos besoins. Voici quelques conseils à suivre lorsque vous vous apprêtez à acheter un ordinateur :

1. Déterminez Vos Besoins

Avant de vous rendre dans un magasin ou de faire des achats en ligne, réfléchissez à l'utilisation que vous prévoyez pour votre nouvel ordinateur. S'agit-il d'une utilisation bureautique de base, de gaming, de conception graphique, de montage vidéo ou d'autres tâches spécifiques ? La réponse à cette question vous aidera à définir les caractéristiques dont vous avez besoin.

2. Choisissez Votre Plateforme

Il existe principalement deux grandes plates-formes informatiques : Windows (Microsoft) et macOS (Apple). Choisissez celle avec laquelle vous êtes le plus à l'aise, car elle aura un impact sur votre expérience globale. De plus, certains logiciels ne sont disponibles que sur une plateforme spécifique, alors assurez-vous que cela convienne à vos besoins.

3. Fixez un Budget

Établissez un budget réaliste en fonction de vos besoins et de vos moyens financiers. Les ordinateurs sont disponibles dans une large gamme de prix, alors soyez clair sur le montant que vous êtes prêt à dépenser. N'oubliez pas d'inclure le coût d'accessoires tels que des périphériques (clavier, souris, écran) et des logiciels dans votre budget.

4. Considérez la Taille et la Portabilité

Réfléchissez à la taille de l'ordinateur qui convient le mieux à votre style de vie. Si vous avez besoin de mobilité, un ordinateur portable ou une tablette pourrait être le choix idéal. Si vous avez un espace de travail fixe, un ordinateur de bureau avec un écran plus grand peut être préférable.

5. Écran et Résolution

Assurez-vous que la taille de l'écran et la résolution sont adaptées à votre utilisation. Si vous regardez des vidéos en streaming, retouchez des photos ou travaillez sur des tâches qui nécessitent une grande qualité d'affichage, optez pour un écran avec une résolution élevée.

6. Puissance de Traitement

La puissance de traitement de l'ordinateur est importante pour garantir des performances fluides. Choisissez un processeur (CPU) et une carte graphique (GPU) adaptés à vos besoins. Pour les jeux et les tâches gourmandes en ressources, optez pour des composants plus puissants.

7. Mémoire RAM et Stockage

Assurez-vous que l'ordinateur dispose d'une quantité suffisante de mémoire RAM pour exécuter vos applications sans ralentissement. De plus, choisissez un type de stockage adapté à vos besoins, en prenant en compte la vitesse (SSD ou HDD) et la capacité de stockage.

8. Autonomie de la Batterie

Si vous optez pour un ordinateur portable, vérifiez l'autonomie de la batterie. Elle varie considérablement d'un modèle à l'autre. Choisissez une batterie capable de répondre à vos besoins de mobilité sans devoir constamment la recharger.

9. Connectivité

Assurez-vous que l'ordinateur dispose des ports et des options de connectivité nécessaires. Cela inclut des ports USB, HDMI, Ethernet, Wi-Fi, Bluetooth, etc.

10. Garantie et Support

Vérifiez la garantie offerte avec l'ordinateur et assurez-vous de comprendre les termes et conditions. De plus, renseignez-vous sur le support technique disponible en cas de problèmes.

11. Faites des Recherches

Avant d'acheter, lisez des avis et des critiques en ligne pour vous faire une idée des performances et de la satisfaction des utilisateurs avec le modèle que vous envisagez.

12. Comparaison des Prix

Comparez les prix chez plusieurs détaillants ou en ligne pour obtenir la meilleure offre possible. Parfois, il peut être avantageux d'attendre des périodes de soldes ou des promotions spéciales.

En suivant ces conseils, vous serez mieux préparé à acheter un ordinateur qui correspond à vos besoins et à votre budget. Prenez le temps de faire des recherches approfondies et posez des questions au vendeur si nécessaire pour prendre une décision éclairée.

Chapitre 14 : Découverte de l'Intelligence Artificielle

Qu'est-ce que l'Intelligence Artificielle ?

Bienvenue dans ce chapitre où nous allons découvrir l'**intelligence artificielle (IA)**, une technologie de plus en plus présente dans notre quotidien. Ne vous inquiétez pas si ce terme vous semble flou au début : nous allons le décomposer et voir ensemble de manière simple et pratique ce qu'est l'IA, comment elle fonctionne et comment elle peut vous être utile dans votre vie de tous les jours.

Définition simple de l'IA

L'intelligence artificielle, souvent appelée **IA**, désigne la capacité d'une machine, ou d'un système informatique, à accomplir des tâches qui requièrent normalement l'intelligence humaine. Ces tâches incluent, par exemple, la reconnaissance vocale (comme celle de Siri ou d'Alexa), la compréhension du langage, la prise de décisions, ou encore la reconnaissance d'images.

Une IA n'est pas une "intelligence" au sens humain du terme, mais un ensemble de programmes qui lui permet de "comprendre" des données, de **les analyser** et de **réagir** en fonction de cette analyse. Par exemple, quand vous demandez à un assistant vocal quel temps il fait aujourd'hui, l'IA analyse la question, recherche les informations pertinentes sur Internet et vous donne la réponse.

Exemple concret :

Pensez à un smartphone avec un assistant vocal comme Siri, Google Assistant ou Alexa. Quand vous lui posez une question, il utilise l'IA pour comprendre ce que vous dites (reconnaissance vocale), chercher la bonne réponse sur Internet (analyse des données), et vous la restituer de manière compréhensible. L'IA est derrière chaque action qui semble "intelligente" mais qui est en réalité le fruit de ces technologies.

Histoire de l'IA

L'intelligence artificielle ne date pas d'hier ! Bien qu'elle fasse aujourd'hui partie intégrante de nos vies, l'IA a une longue histoire qui remonte à plusieurs décennies.

Les premières recherches en IA ont commencé dans les années **1950**, avec des scientifiques comme **Alan Turing**, qui a posé les bases de ce que l'on appelle aujourd'hui le **Test de Turing**. Ce test consiste à vérifier si une machine est capable de penser de manière suffisamment "humaine" pour tromper un interlocuteur humain.

Dans les années 1960 et 1970, les chercheurs ont commencé à développer des programmes capables de résoudre des problèmes spécifiques, comme jouer aux échecs ou résoudre des équations mathématiques. Cependant, les ordinateurs de l'époque étaient bien moins puissants qu'aujourd'hui, ce qui limitait les possibilités de l'IA.

Au cours des dernières décennies, avec les progrès rapides de la **puissance de calcul** des ordinateurs et la multiplication des **données numériques**, l'IA a fait d'énormes progrès. Aujourd'hui, elle est présente dans une multitude de domaines : de la santé à l'éducation, en passant par les transports et le divertissement.

Les types d'IA

L'IA peut être classée en deux grandes catégories, selon sa capacité à effectuer des tâches plus ou moins complexes.

L'IA faible (ou IA étroite) :
C'est l'IA la plus courante aujourd'hui. Elle est spécialisée dans des tâches très précises et limitées. Par exemple, un assistant vocal, un système de recommandation sur Netflix ou Spotify, ou encore un logiciel de traduction automatique, sont des exemples d'IA faible. Ces systèmes sont programmés pour accomplir une seule tâche et ne peuvent pas faire autre chose.

Exemple : Si vous utilisez Google Translate pour traduire un texte d'une langue à une autre, vous utilisez une IA qui est très bonne pour ce type de tâche, mais elle ne pourra pas accomplir d'autres fonctions comme vous aider à organiser votre agenda ou vous conseiller sur un film à regarder.

L'IA forte (ou IA générale) :
L'IA forte est encore théorique et n'existe pas dans le monde réel. Elle désignerait une machine capable d'accomplir n'importe quelle tâche intellectuelle humaine, avec une véritable capacité à **raisonner**, **apprendre** et **comprendre**. Si l'IA forte existait, elle pourrait, par exemple, avoir des conversations complexes, comprendre des émotions humaines, et même créer de l'art ou de la musique de manière indépendante.

Exemple : Imaginez une IA qui pourrait non seulement répondre à vos questions, mais aussi prendre des décisions complexes sur des sujets variés, comme un médecin diagnostiquant des maladies, un avocat conseillant un client, ou même un chef cuisinier créant de nouvelles recettes.

Nous avons donc vu que l'intelligence artificielle désigne des machines ou des programmes capables d'effectuer des tâches nécessitant de l'intelligence humaine. En abordant ce chapitre, vous allez pouvoir découvrir davantage comment l'IA transforme notre quotidien et comment vous pouvez en tirer parti pour simplifier et améliorer vos propres activités.

Comment fonctionne l'IA ?

Maintenant que vous avez une idée générale de ce qu'est l'intelligence artificielle, il est important de comprendre un peu mieux comment elle fonctionne. Pas besoin d'être un expert en informatique pour saisir les bases. L'IA repose sur des concepts assez simples, mais puissants, qui permettent aux machines d'apprendre et de s'améliorer au fil du temps. Voyons ensemble comment tout cela fonctionne, étape par étape !

Les bases techniques : Les algorithmes et leur rôle

L'un des éléments clés qui permet à une IA de "penser" est ce qu'on appelle un **algorithme**. En termes simples, un algorithme est un ensemble d'instructions ou de règles que l'IA suit pour accomplir une tâche. Ces règles sont programmées par des développeurs et permettent à la machine de traiter des informations, de prendre des décisions ou de résoudre des problèmes.

Exemple simple :

Imaginez que vous devez organiser une fête. Vous avez une liste de courses à faire, mais vous devez aussi prendre en compte la disponibilité de vos invités et les allergies alimentaires. Un algorithme serait une série d'étapes à suivre pour résoudre cette situation. Par exemple :

1. Vérifier les disponibilités des invités.

2. Choisir un menu en fonction des préférences et des allergies.
3. Créer une liste de courses.
4. Acheter les ingrédients dans l'ordre le plus efficace pour gagner du temps.

De la même manière, les algorithmes aident les IA à organiser, analyser et traiter les informations pour résoudre des problèmes. Quand vous demandez à un assistant vocal "Quel temps fait-il aujourd'hui ?", l'algorithme est chargé de rechercher les données météo sur Internet et de vous répondre.

L'apprentissage automatique (Machine Learning)

Maintenant que nous avons vu les bases des algorithmes, il est temps d'aborder un concept un peu plus avancé : l'**apprentissage automatique** (ou **Machine Learning** en anglais). Cette approche permet à une IA d'**apprendre** de ses expériences, sans qu'on ait à lui dire exactement ce qu'elle doit faire à chaque fois.

Le **Machine Learning** repose sur l'idée que les machines peuvent analyser des données et ajuster leur comportement en fonction de ces analyses. C'est un peu comme un élève qui apprend de ses erreurs et devient meilleur au fil du temps. Plus l'IA reçoit de données, plus elle devient précise et efficace.

Exemple pratique :
Prenons l'exemple d'une IA utilisée pour détecter des emails indésirables (spam). Au départ, l'IA reçoit une grande quantité d'emails, certains étant des spams et d'autres des messages légitimes. L'algorithme analyse ces messages et apprend à identifier les caractéristiques d'un email de type "spam" (comme un certain vocabulaire, des liens suspects, ou un format particulier). À force de traitement, l'IA devient de plus en plus

précise et arrive à détecter automatiquement les spams sans que vous ayez à lui expliquer à chaque fois.

Les données et leur rôle dans l'IA

L'une des raisons pour lesquelles l'IA devient de plus en plus performante est l'accès à de **grandes quantités de données**. En effet, pour qu'une IA fonctionne efficacement, elle a besoin de données sur lesquelles elle peut s'entraîner, apprendre et s'améliorer. Plus les données sont nombreuses et variées, plus l'IA peut affiner ses prédictions et décisions.

Les **données** peuvent être de différents types :

- **Données textuelles** : Des articles, des emails, des livres, des discussions en ligne.
- **Données visuelles** : Des images, des vidéos, des photos.
- **Données audio** : Des enregistrements vocaux, des sons.
- **Données numériques** : Des chiffres, des statistiques.

Exemple :
Prenons un logiciel de reconnaissance d'images basé sur l'IA. Pour qu'il reconnaisse un chat dans une photo, il doit être formé avec des milliers, voire des millions d'images de chats. Grâce à ces données, l'IA apprend à identifier des caractéristiques spécifiques du chat (comme sa taille, sa forme, ou ses traits) et peut ensuite détecter un chat dans n'importe quelle photo. C'est un processus qui prend du temps, mais plus l'IA voit d'exemples, plus elle devient précise.

Les réseaux neuronaux : Une inspiration du cerveau humain

Un autre concept essentiel pour comprendre comment l'IA fonctionne est celui des **réseaux neuronaux**. Ce terme peut sembler complexe, mais il est en réalité inspiré du fonctionnement du **cerveau humain**. Un réseau neuronal est une structure informatique composée de "neurones" virtuels qui se connectent entre eux pour résoudre des problèmes.

Ces réseaux sont capables de traiter des informations complexes, un peu comme notre cerveau traite les informations que nous recevons via nos sens (vue, ouïe, etc.). Lorsqu'un réseau neuronal est formé, il apprend à partir des données qu'il reçoit et peut ajuster ses connexions internes pour prendre de meilleures décisions.

Exemple :
Imaginons que vous voulez utiliser une IA pour classifier des images de fruits (pomme, banane, orange). Le réseau neuronal analyse les différentes images et apprend à associer les caractéristiques de chaque fruit (couleur, forme, texture). Après avoir vu suffisamment d'exemples, l'IA sera capable de reconnaître ces fruits même si elle rencontre une image qu'elle n'a jamais vue auparavant.

En résumé

L'IA fonctionne grâce à une combinaison d'algorithmes, d'apprentissage automatique, de données et de réseaux neuronaux. Elle "apprend" des données qu'on lui fournit, ajustant son comportement pour devenir de plus en plus performante dans l'accomplissement de ses tâches. Si au début une IA peut sembler "bête", elle s'améliore constamment en se nourrissant de nouvelles informations.

La prochaine fois que vous utilisez un assistant vocal, que vous regardez une recommandation de film sur Netflix ou que vous utilisez un moteur de recherche pour trouver des informations, vous pourrez vous dire que tout cela fonctionne grâce à l'intelligence artificielle, qui se base sur ces mécanismes pour améliorer votre expérience au quotidien.

Dans la suite de ce chapitre, nous explorerons les **applications concrètes de l'IA dans notre quotidien** et comment elles impactent nos vies, souvent sans que nous en soyons pleinement conscients.

Applications de l'IA dans la vie quotidienne

L'intelligence artificielle, bien qu'elle puisse sembler un concept un peu abstrait, est déjà profondément intégrée dans votre vie quotidienne, souvent sans que vous en ayez conscience. Que vous soyez en train de regarder un film, de chercher une route sur votre GPS, ou même de discuter avec un assistant vocal, l'IA travaille en coulisses pour rendre vos tâches plus simples et plus efficaces. Voyons ensemble comment l'IA est utilisée dans des domaines que vous fréquentez tous les jours.

Dans les outils numériques que vous utilisez tous les jours

L'IA est partout dans les outils numériques que vous utilisez quotidiennement. Vous en êtes peut-être déjà utilisateur sans le savoir, et ces technologies facilitent grandement de nombreuses tâches courantes.

Assistants vocaux : Siri, Alexa, Google Assistant

Les assistants vocaux sont l'exemple le plus visible de l'IA dans la vie quotidienne. En leur posant des questions ou en leur donnant des ordres ("Quel temps fait-il ?", "Joue de la musique", "Réveille-moi à 7 heures"), ces assistants utilisent l'IA pour comprendre vos demandes et y répondre de manière appropriée.

Exemple concret :

Vous avez une question sur la météo, mais vous n'avez pas envie d'aller chercher l'info sur Internet. Il vous suffit de demander à votre assistant vocal et celui-ci analysera la question, cherchera la réponse et vous la fournira immédiatement, tout cela grâce à des algorithmes de reconnaissance vocale et de traitement du langage naturel.

Recommandations de contenu : Netflix, YouTube, Spotify

Chaque fois que vous regardez un film sur Netflix, écoutez de la musique sur Spotify ou explorez des vidéos sur YouTube, vous interagissez avec des systèmes basés sur l'IA. Ces plateformes utilisent des algorithmes pour analyser vos goûts et préférences, et vous proposer des recommandations de films, de musiques ou de vidéos. Ce système est capable d'évoluer à chaque nouvelle interaction, devenant ainsi plus précis avec le temps.

Exemple concret :

Si vous regardez plusieurs films de science-fiction sur Netflix, l'IA recommandera d'autres films dans ce genre. L'algorithme analyse ce que vous avez aimé dans les films précédents et vous suggère des titres similaires qui pourraient vous plaire.

Applications de traduction : Google Translate, DeepL

Les applications de traduction en ligne comme **Google Translate** ou **DeepL** utilisent également l'IA pour traduire des textes d'une langue à l'autre. Ces outils ont évolué de manière impressionnante, et grâce à l'apprentissage automatique, ils sont désormais capables de proposer des traductions de plus en plus précises, en prenant en compte le contexte de la phrase et des nuances culturelles.

Exemple concret :
Vous êtes en voyage et vous avez besoin de traduire un panneau dans une langue étrangère. Vous prenez en photo le texte avec votre smartphone, et l'IA de l'application de traduction détecte et traduit instantanément le texte pour vous. Pratique, non ?

Applications de navigation : GPS et cartes intelligentes
Les applications de navigation comme **Google Maps** ou **Waze** intègrent également de l'IA pour optimiser vos trajets. Elles analysent les conditions de circulation en temps réel, les accidents, les fermetures de routes, et même les habitudes de conduite des autres utilisateurs pour vous proposer les trajets les plus rapides et les plus efficaces.

Exemple concret :
Vous êtes en voiture et vous demandez à Google Maps l'itinéraire vers votre destination. L'IA va ajuster le trajet en fonction de l'heure de la journée, de l'état du trafic, et des autres facteurs pour vous faire gagner du temps.

Dans les entreprises et les services
Au-delà de l'utilisation personnelle, l'IA joue également un rôle important dans les services que vous utilisez au quotidien. Elle permet d'automatiser des tâches et d'améliorer l'expérience client dans de nombreux secteurs.

Chatbots et service client automatisé
Beaucoup de sites Internet et d'applications utilisent des **chatbots** pour répondre à vos questions de manière instantanée. Ces

assistants virtuels sont programmés avec de l'IA pour comprendre vos demandes (par exemple, "Je n'arrive pas à me connecter à mon compte") et fournir des réponses automatiques. L'IA permet de traiter de nombreuses demandes en même temps, ce qui rend les services plus rapides.

Exemple concret :
Sur un site e-commerce, vous avez une question sur la disponibilité d'un produit. Plutôt que d'attendre qu'un agent réponde, un chatbot peut instantanément vous fournir les informations demandées, comme les stocks disponibles ou les modalités de livraison.

Reconnaissance faciale
De plus en plus d'entreprises, y compris des banques ou des supermarchés, utilisent la **reconnaissance faciale** pour sécuriser leurs services. Cette technologie est alimentée par l'IA, qui analyse des traits spécifiques de votre visage pour vérifier votre identité, remplaçant ainsi les mots de passe traditionnels ou les cartes bancaires.

Exemple concret :
Quand vous débloquez votre téléphone ou effectuez un paiement en ligne via la reconnaissance faciale, l'IA est responsable de la vérification rapide de votre identité en scannant votre visage et en le comparant avec les données enregistrées.

Automatisation des tâches dans les entreprises
L'IA aide aussi les entreprises à automatiser certaines tâches répétitives et chronophages, comme la gestion des stocks, la planification des livraisons, ou encore l'analyse des ventes. Cela permet aux employés de se concentrer sur des tâches plus créatives et stratégiques.

Exemple concret :

Dans une chaîne de production, des robots intelligents équipés d'IA peuvent assembler des pièces, effectuer des contrôles qualité et optimiser les lignes de production, ce qui réduit les coûts et améliore l'efficacité.

En résumé

L'intelligence artificielle est déjà présente dans beaucoup d'aspects de notre vie quotidienne. Que ce soit pour obtenir des informations rapidement, écouter de la musique, voyager plus efficacement, ou même interagir avec des services en ligne, l'IA rend nos tâches plus simples et plus rapides.

Ces applications vont continuer à évoluer, avec des IA de plus en plus intelligentes, capables de comprendre des contextes plus complexes et d'améliorer encore notre expérience numérique. À travers ces exemples, vous pouvez voir à quel point l'IA devient un outil essentiel dans nos activités courantes, rendant nos vies plus connectées et plus pratiques.

Dans le prochain chapitre, nous allons aborder les **enjeux éthiques et sociaux de l'IA**. Bien que ses applications soient impressionnantes, il est important de comprendre les défis qu'elle présente, notamment en matière de vie privée et de responsabilité. Restez avec nous !

Les enjeux de l'IA : Sécurité, vie privée et éthique

L'intelligence artificielle offre des avantages indéniables, comme nous l'avons vu, en facilitant de nombreuses tâches au quotidien.

Cependant, son développement rapide soulève aussi des questions importantes. Celles-ci concernent la **sécurité**, la **protection de la vie privée** et les **considérations éthiques** liées à son utilisation. Dans cette partie, nous allons explorer ces enjeux afin de mieux comprendre les défis que l'IA pose et comment il est possible de les aborder de manière responsable.

La sécurité de l'IA : Risques et vulnérabilités

L'IA, comme toute technologie, comporte des risques, notamment en ce qui concerne **la sécurité**. Ces risques peuvent toucher tant les utilisateurs que les systèmes eux-mêmes.

Les cyberattaques et l'IA malveillante

L'une des préoccupations majeures autour de l'IA est l'utilisation de cette technologie pour des **cyberattaques**. Les systèmes d'IA pourraient être manipulés par des pirates informatiques pour causer des dommages. Par exemple, une IA pourrait être utilisée pour infiltrer un réseau bancaire, détourner des informations sensibles ou même désactiver des systèmes de sécurité.

Exemple concret :

Imaginons qu'un hacker détourne un chatbot d'une entreprise pour récolter des informations personnelles des clients. Si ce chatbot est mal configuré, il pourrait tromper les utilisateurs et collecter leurs coordonnées bancaires ou mots de passe.

Les erreurs des systèmes automatisés

Les systèmes d'IA sont souvent utilisés pour automatiser des processus critiques (par exemple, dans les domaines de la santé ou des transports). Cependant, ces systèmes peuvent parfois faire des erreurs, que ce soit en raison d'une mauvaise configuration, d'un défaut de conception, ou d'une mauvaise interprétation des données. Un système automatisé qui fonctionne mal peut causer des accidents, des erreurs médicales, ou des erreurs judiciaires.

Exemple concret :

Un véhicule autonome pourrait faire une erreur en analysant une situation de circulation et prendre une décision incorrecte, comme ne pas freiner à temps, provoquant ainsi un accident.

La vie privée et la protection des données personnelles

L'un des enjeux majeurs de l'IA est la **protection des données personnelles**. Pour fonctionner efficacement, les systèmes d'IA ont besoin d'énormément de données. Mais qui possède ces données ? Comment sont-elles utilisées ? Et comment protéger votre vie privée face à l'IA ?

L'utilisation des données personnelles

Les entreprises utilisent l'IA pour analyser de grandes quantités de données afin de mieux comprendre les préférences des consommateurs, de cibler des publicités, ou d'améliorer leurs services. Cela peut sembler utile, mais cela pose également des questions sur **la confidentialité des informations** personnelles.

Exemple concret :

Supposons que vous utilisez une application de santé qui suit vos habitudes alimentaires et vos niveaux d'activité. Les informations que vous fournissez sont collectées et analysées par l'IA pour vous donner des conseils personnalisés. Cependant, ces données peuvent également être utilisées à d'autres fins, comme la vente à des entreprises tiers ou la publicité ciblée. Il devient donc crucial de savoir comment vos données sont protégées et utilisées.

La surveillance de masse

Un autre défi concerne l'utilisation de l'IA pour la **surveillance de masse**. Par exemple, certaines entreprises ou gouvernements utilisent des technologies comme la **reconnaissance faciale** pour surveiller les déplacements des individus. Bien que cela puisse sembler utile pour des raisons de sécurité, cela soulève des préoccupations sur la manière dont ces données sont collectées, stockées et utilisées, ainsi que sur la possibilité d'abus.

Exemple concret :

Dans certains aéroports ou villes, des caméras de surveillance munies de systèmes de reconnaissance faciale sont utilisées pour identifier les passagers ou les citoyens. Bien que cela puisse améliorer la sécurité, certains craignent que cette surveillance porte atteinte à la vie privée et qu'elle soit utilisée de manière excessive ou injustifiée.

Les enjeux éthiques de l'IA

Les applications de l'IA soulèvent aussi des questions **éthiques** importantes. Qui est responsable en cas de problème ? Comment s'assurer que les décisions prises par une IA soient justes et équitables ? Comment éviter des biais dans les systèmes d'IA qui pourraient nuire à certaines personnes ou groupes ?

Les biais algorithmiques

Les algorithmes d'IA sont souvent formés à partir de données collectées à grande échelle. Si ces données contiennent des biais (par exemple, si elles ne reflètent pas une diversité d'opinions, de cultures ou de comportements), l'IA peut reproduire ces biais dans ses décisions. Cela peut entraîner des discriminations, par exemple dans les secteurs de l'emploi, du logement ou des prêts bancaires.

Exemple concret :

Imaginez un système de recrutement automatisé qui analyse des candidatures pour un poste. Si ce système a été formé avec des données historiques qui favorisent les candidatures masculines, il pourrait être plus susceptible de recommander des hommes plutôt que des femmes, même si les compétences sont égales. Cela crée un déséquilibre et une discrimination non intentionnelle.

La responsabilité des décisions prises par l'IA

Un autre aspect éthique important est la **responsabilité** des décisions prises par l'IA. Par exemple, si un véhicule autonome cause un accident, qui est responsable ? Le fabricant de la voiture ? Le programmeur qui a conçu l'IA ? Ou la personne qui conduisait, même si elle n'avait pas de contrôle direct ?

Exemple concret :

Dans le cas d'un accident impliquant un robot médical qui administre un traitement erroné, la question se pose : qui porte la responsabilité de cette erreur ? Cela soulève des interrogations sur la réglementation des technologies d'IA et la manière dont elles doivent être surveillées.

L'impact sur l'emploi et l'automatisation

Enfin, l'IA soulève également des préoccupations liées à l'automatisation des emplois. Si des machines intelligentes peuvent accomplir des tâches humaines de manière plus rapide et plus efficace, cela pourrait entraîner une **perte d'emplois** dans certains secteurs. Toutefois, l'IA pourrait aussi créer de nouveaux types d'emplois, centrés sur la gestion, l'entretien et la programmation des systèmes automatisés.

Exemple concret :

Les robots utilisés dans les usines peuvent remplacer certains postes de travail, mais ils peuvent également conduire à la création de nouveaux métiers dans la programmation, la maintenance et l'analyse des données générées par ces robots.

En résumé

L'intelligence artificielle offre des possibilités incroyables, mais elle soulève aussi des enjeux importants. La **sécurité**, la **protection de la vie privée** et les questions **éthiques** sont des aspects cruciaux que nous devons prendre en compte pour garantir une utilisation responsable de l'IA. En tant qu'utilisateurs, il est essentiel de comprendre ces défis et de rester informé sur la manière dont l'IA est utilisée dans notre environnement numérique.

Dans le prochain chapitre, nous verrons comment vous pouvez profiter de l'IA de manière sécurisée et responsable, tout en protégeant vos données et en restant maître de votre vie numérique.

Comment profiter de l'IA de manière responsable et sécurisée ?

L'intelligence artificielle offre des avantages considérables, mais il est important de l'utiliser de manière **responsable** et **sécurisée**. Dans cette partie, nous allons explorer les bonnes pratiques pour tirer parti de l'IA tout en protégeant vos données personnelles et en respectant les principes éthiques. Cela vous permettra de naviguer dans ce monde numérique tout en minimisant les risques et en préservant votre vie privée.

Protéger vos données personnelles en utilisant l'IA

La sécurité de vos données personnelles est un aspect crucial lorsque vous utilisez des technologies basées sur l'IA. Voici quelques conseils pour protéger vos informations et garder le contrôle sur ce que vous partagez.

Vérifiez les paramètres de confidentialité des applications et services

De nombreuses applications qui utilisent l'IA, comme les réseaux sociaux, les services de messagerie ou les applications de santé, collectent des données personnelles. Il est donc essentiel de vérifier et ajuster les paramètres de confidentialité pour vous assurer que vous ne partagez pas plus d'informations que nécessaire. Vous pouvez par exemple désactiver certaines fonctionnalités comme le partage de votre localisation ou l'accès à vos contacts.

Exemple concret :

Si vous utilisez un assistant vocal comme **Alexa** ou **Google Assistant**, allez dans les paramètres de l'application pour voir quelles informations sont collectées. Désactivez la collecte de données sensibles, comme les conversations, si vous ne voulez pas que celles-ci soient stockées pour une analyse future.

Utilisez des mots de passe forts et l'authentification à deux facteurs

Pour protéger vos comptes en ligne, il est important d'utiliser des mots de passe forts (combinant lettres, chiffres et symboles) et d'activer l'**authentification à deux facteurs** (2FA). Cela ajoute une couche supplémentaire de sécurité en vous demandant de valider votre identité via un deuxième moyen (comme un code envoyé par SMS ou une application d'authentification).

Exemple concret :

Si vous vous connectez à un service de stockage cloud qui utilise l'IA pour organiser vos fichiers, l'activation de l'authentification à deux facteurs rendra votre compte plus sécurisé contre les tentatives d'accès non autorisées.

Soyez conscient des applications qui utilisent vos données

Avant d'utiliser une application, lisez toujours les **conditions d'utilisation** et la **politique de confidentialité**. Cela vous aidera à comprendre comment vos données sont collectées et utilisées. Si une application ne fournit pas cette information de manière transparente, soyez prudent avant de l'utiliser.

Exemple concret :

Si vous téléchargez une application de bien-être qui collecte des informations sur votre activité physique et vos habitudes de sommeil, vérifiez comment ces données seront utilisées. Certaines applications partagent ces informations avec des partenaires commerciaux, d'autres les utilisent uniquement pour vous fournir des recommandations personnalisées.

Utiliser l'IA de manière éthique et responsable

Outre la sécurité, l'utilisation de l'IA soulève des questions éthiques importantes. En tant qu'utilisateur, il est crucial de faire preuve de discernement et de responsabilité afin de contribuer à une utilisation juste et équitable de ces technologies.

Ne vous laissez pas piéger par des biais

Les systèmes d'IA peuvent parfois reproduire des biais qui existent dans les données sur lesquelles ils ont été formés. Cela peut entraîner des discriminations ou des décisions injustes. Par exemple, un algorithme de recrutement pourrait favoriser certains profils au détriment d'autres, simplement en raison de biais présents dans les données historiques. Il est donc important de rester vigilant face à ces systèmes, et d'utiliser des outils qui garantissent l'équité.

Exemple concret :

Lorsque vous utilisez une plateforme qui vous recommande des contenus (comme des articles, des vidéos ou des produits), il est bon de garder en tête que les recommandations sont basées sur des algorithmes qui peuvent être influencés par vos habitudes passées. Ces recommandations ne sont pas forcément représentatives de toutes les options disponibles, et il est parfois utile de rechercher des perspectives différentes.

Soyez transparent avec vos données et actions
Lorsque vous utilisez une IA, soyez transparent sur les données que vous fournissez. Si vous êtes une entreprise ou un particulier qui développe des systèmes utilisant de l'IA, il est important de respecter la transparence et d'informer les utilisateurs sur la façon dont leurs données sont traitées. Les utilisateurs doivent être conscients des données collectées et de l'impact de ces technologies sur leurs vies.

Exemple concret :
Si vous utilisez un chatbot pour interagir avec un service client, assurez-vous que l'utilisateur sache qu'il interagit avec une IA et non avec une personne réelle. La transparence dans ces interactions est essentielle pour maintenir une relation de confiance avec les utilisateurs.

Encouragez une utilisation éthique des technologies d'IA
En tant qu'utilisateur, vous avez également un rôle à jouer en encourageant une **utilisation éthique** de l'IA. Cela inclut la promotion de l'inclusivité, de l'équité, et de la protection des droits humains. Par exemple, vous pouvez soutenir des initiatives qui veillent à ce que l'IA soit utilisée pour le bien commun, comme la lutte contre les inégalités ou la protection de l'environnement.

Exemple concret :
Lorsque vous choisissez un service ou un produit qui utilise de l'IA, vous pouvez vous intéresser à la manière dont il est conçu pour respecter les droits de l'homme et la diversité. Certaines entreprises s'engagent à éviter les biais dans leurs systèmes d'IA

et à respecter des principes éthiques stricts. En choisissant ces services, vous soutenez un usage plus responsable de l'IA.

Restez informé et impliqué dans le développement de l'IA

L'une des meilleures manières de profiter de l'IA de manière responsable et sécurisée est de **rester informé**. L'IA évolue rapidement, et il est essentiel de comprendre ses implications, tant sur le plan technologique que sur le plan éthique.

Suivez les évolutions de l'IA et ses impacts

Pour vous assurer de comprendre comment l'IA évolue et d'être au courant des nouveaux défis, il est important de suivre les actualités et les débats sur l'intelligence artificielle. Vous pouvez consulter des sites web spécialisés, des blogs ou des rapports d'experts pour obtenir des informations à jour sur les questions de sécurité, d'éthique et d'impact social de l'IA.

Exemple concret :

Si un gouvernement ou une organisation publie un rapport sur la réglementation de l'IA, prenez le temps de le lire pour comprendre les mesures prises pour encadrer son développement et protéger les utilisateurs. Ces rapports peuvent aussi vous informer sur vos droits en tant qu'utilisateur.

Participez au débat sur l'IA

L'IA a un impact sur de nombreux aspects de notre société, et il est essentiel que chacun ait une voix dans le débat. Participez aux discussions sur l'utilisation de l'IA dans des forums publics, des conférences, ou même des groupes en ligne. Vos opinions, en tant qu'utilisateur, peuvent aider à orienter les politiques et les pratiques qui régissent l'IA.

Exemple concret :

Si vous êtes membre d'un groupe local ou en ligne qui discute des technologies numériques, vous pouvez partager vos préoccupations ou vos suggestions sur l'éthique de l'IA et encourager les autres à en faire de même.

En résumé

L'intelligence artificielle peut apporter des bénéfices considérables, mais elle nécessite d'être utilisée de manière responsable et sécurisée. En protégeant vos données personnelles, en veillant à l'éthique des technologies que vous utilisez, et en restant informé sur les évolutions de l'IA, vous pouvez en profiter tout en minimisant les risques. Dans un monde numérique de plus en plus automatisé, il est essentiel que chaque utilisateur prenne des décisions éclairées et participe activement à la construction d'une société numérique juste et responsable.

Dans le prochain chapitre, nous examinerons des **outils pratiques pour vous aider à interagir avec l'IA**, notamment des applications et des services qui peuvent vous faciliter la vie tout en respectant votre sécurité et votre vie privée.

L'avenir de l'IA : Tendances et opportunités

L'intelligence artificielle est une technologie en constante évolution, et son avenir est riche en opportunités mais aussi en défis. Dans cette partie, nous allons explorer les grandes tendances de l'IA pour les années à venir et discuter des **opportunités** qu'elle offre, tout en prenant en compte les **risques** associés. Nous verrons comment cette technologie pourrait transformer notre manière de travailler, d'apprendre, et d'interagir avec notre environnement.

Les grandes tendances de l'IA

Les progrès technologiques permettent à l'IA de se développer à une vitesse impressionnante. Voici quelques-unes des **tendances majeures** qui marqueront l'avenir de cette technologie.

L'IA générative : Création de contenu et personnalisation

L'IA générative, qui inclut des modèles comme GPT-4 ou les générateurs d'images comme DALL·E, est en plein essor. Ces systèmes sont capables de créer des contenus originaux tels que des textes, des images, de la musique, et même des vidéos, à partir de simples instructions données par l'utilisateur. Cette évolution ouvre des possibilités infinies dans des domaines comme le marketing, le divertissement, et la création artistique.

Exemple concret :

Une entreprise pourrait utiliser l'IA générative pour créer des publicités personnalisées, en générant des visuels et des messages spécifiques pour chaque groupe de consommateurs. Les utilisateurs, de leur côté, pourraient utiliser l'IA pour créer des illustrations ou des histoires pour leurs projets personnels.

L'IA et la santé : Diagnostic et soins personnalisés

L'intelligence artificielle transforme également le secteur de la santé. Grâce à des algorithmes capables d'analyser de grandes quantités de données médicales, l'IA peut améliorer les diagnostics, prédire les risques de maladies, et personnaliser les traitements pour chaque patient. Les **médecins** s'appuient de plus en plus sur des outils d'IA pour prendre des décisions éclairées, mais l'humain reste indispensable pour un jugement final.

Exemple concret :

Un médecin pourrait utiliser un logiciel d'IA pour analyser des images médicales (comme des radiographies ou des scanners) et détecter des anomalies invisibles à l'œil nu. Cela permettrait de poser un diagnostic plus précoce et de proposer des traitements plus efficaces.

L'IA et l'automatisation : Révolution dans le monde du travail

L'automatisation des tâches via l'IA va transformer de nombreux secteurs. L'IA va permettre de remplacer des tâches répétitives, comme le traitement des données ou la gestion des stocks, ce qui permettra aux employés de se concentrer sur des missions plus créatives et stratégiques. Cependant, cette évolution soulève aussi des questions sur l'emploi et les compétences nécessaires dans le futur.

Exemple concret :

Dans une usine, des robots autonomes peuvent être utilisés pour assembler des produits de manière plus rapide et précise que les humains. Cela permettrait aux travailleurs d'être réaffectés à des tâches plus complexes, comme la gestion de la production ou la conception des produits.

L'IA et les transports : Véhicules autonomes et mobilité intelligente

Les véhicules autonomes représentent l'une des innovations les plus attendues grâce à l'IA. Ces voitures sans conducteur, équipées de systèmes intelligents pour analyser et réagir aux conditions de la route, pourraient transformer l'industrie du transport. De plus, les systèmes d'IA pourraient également optimiser la gestion des infrastructures de transport, réduisant ainsi les embouteillages et les émissions de carbone.

Exemple concret :

Les véhicules autonomes pourraient vous conduire d'un point à un autre sans intervention humaine. Ces voitures communiqueraient entre elles pour éviter les accidents et optimiser les trajets en fonction du trafic, rendant la circulation plus fluide et plus sûre.

Les opportunités offertes par l'IA

L'intelligence artificielle ouvre des **opportunités considérables** pour la société et pour les individus, mais ces opportunités doivent être exploitées de manière responsable pour maximiser les bénéfices tout en minimisant les risques.

Amélioration des services et de l'expérience utilisateur

L'IA permet de rendre les services plus personnalisés et plus réactifs. Par exemple, grâce aux assistants vocaux et aux chatbots, les entreprises peuvent offrir un service client plus rapide et plus efficace, 24 heures sur 24. De même, les recommandations personnalisées (comme celles des plateformes de streaming ou de shopping en ligne) améliorent l'expérience utilisateur en proposant des contenus ou produits qui correspondent précisément aux préférences de chacun.

Exemple concret :

Si vous utilisez une plateforme de streaming musical, l'IA analyse vos habitudes d'écoute pour vous recommander de nouvelles chansons ou artistes. L'algorithme apprend de vos préférences et affine ses suggestions, offrant une expérience de plus en plus personnalisée.

L'IA pour l'éducation : Apprentissage personnalisé

L'intelligence artificielle peut aussi révolutionner le secteur de l'éducation. En utilisant des outils d'IA, les plateformes d'apprentissage en ligne peuvent proposer des **programmes**

adaptés à chaque étudiant, en fonction de ses besoins et de son rythme. L'IA peut aider à repérer les domaines où un élève a des difficultés et proposer des exercices ou des contenus supplémentaires pour l'aider à progresser.

Exemple concret :
Une plateforme de cours en ligne peut adapter les exercices et les évaluations en fonction des performances de l'élève, en proposant des leçons supplémentaires sur les sujets qu'il maîtrise moins bien, tout en avançant à un rythme plus rapide sur les sujets qu'il comprend bien.

L'IA pour la gestion de l'environnement et de l'énergie
L'IA peut également être utilisée pour gérer de manière plus efficace les ressources naturelles et l'énergie. Par exemple, des systèmes d'IA peuvent analyser les besoins en énergie d'une ville et ajuster la distribution de manière optimale, réduisant ainsi la consommation et les coûts. L'IA peut également contribuer à la préservation de l'environnement en analysant des données liées à la pollution et en proposant des solutions pour réduire l'impact écologique.

Exemple concret :
Des villes intelligentes, équipées de capteurs et d'IA, pourraient ajuster en temps réel la gestion de l'éclairage public, de la circulation ou de la consommation d'eau, réduisant ainsi l'empreinte écologique tout en offrant une meilleure qualité de vie aux habitants.

Les défis à relever pour un futur de l'IA responsable
Malgré ses nombreuses opportunités, l'IA pose aussi des défis importants. Il est crucial de s'attaquer aux **problèmes éthiques**, **sociaux** et **juridiques** qui émergent pour garantir un avenir où l'IA profite à tous, tout en respectant les valeurs humaines.

La régulation de l'IA

Avec l'essor de l'IA, les gouvernements et les organismes internationaux devront mettre en place des **régulations** claires pour encadrer son développement et son utilisation. Cela inclut la protection des données personnelles, la prévention des abus, et la gestion des risques liés à l'automatisation des emplois.

L'IA et la question de l'emploi

L'une des préoccupations majeures est l'impact de l'IA sur l'emploi. Si certains métiers disparaîtront, de nouveaux emplois seront également créés. Il est donc essentiel d'accompagner les travailleurs dans cette transition en développant des programmes de **requalification** et en facilitant l'accès aux nouvelles compétences requises.

Assurer l'égalité d'accès à l'IA

Un autre défi est d'éviter que l'IA creuse les inégalités sociales et économiques. Il est important que l'accès à ces technologies soit équitable et que les **biais algorithmiques** ne favorisent pas certaines populations au détriment d'autres.

En résumé

L'avenir de l'IA s'annonce passionnant, avec des possibilités infinies dans des domaines variés comme la santé, l'éducation, les transports, et bien plus encore. Cependant, il est essentiel de naviguer avec précaution, en prenant en compte les enjeux de sécurité, d'éthique et de régulation. Pour tirer le meilleur parti de l'IA, il faudra s'assurer que ses avantages sont accessibles à tous et qu'elle est utilisée de manière responsable. Restez informé, impliqué, et prêt à saisir les opportunités tout en étant conscient des défis à relever pour un avenir numérique équitable.

Chapitre 15 : Histoire de l'informatique et de l'Internet du début jusqu'à nos jours

Les fondements de l'informatique

Avant que les ordinateurs électroniques ne dominent notre monde, l'humanité a connu un parcours remarquable dans la quête de résoudre des problèmes mathématiques et de stocker des informations. Dans l'Antiquité, des esprits créatifs comme Archimède ont jeté les bases de ce qui deviendrait plus tard la pensée algorithmique. Les Babyloniens ont utilisé des tablettes d'argile pour stocker des données numériques, utilisant des symboles cunéiformes. Ces premières manifestations de calcul et de stockage de l'information ont posé les premières pierres de l'informatique.

Cependant, l'avènement de l'informatique moderne a vraiment commencé au 19e siècle, avec un visionnaire britannique nommé Charles Babbage. Il a conçu ce qu'il appelait la "machine analytique", une idée qui était révolutionnaire à l'époque. Cette machine était capable d'effectuer des calculs complexes en utilisant des cartes perforées, une approche précurseure de la programmation.

Ada Lovelace, une mathématicienne brillante, a apporté une contribution essentielle à cette époque. Travaillant en étroite collaboration avec Babbage, elle a rédigé des notes explicatives sur la machine analytique. Ces notes, publiées en 1843, contenaient un algorithme - une série d'instructions pour effectuer des calculs. Cela fait d'Ada Lovelace la première programmeuse de l'histoire, une visionnaire dont l'impact est toujours ressenti aujourd'hui.

Le 20e siècle a marqué une ère révolutionnaire pour l'informatique. En 1936, Alan Turing, un mathématicien britannique, a publié son article sur la "machine de Turing", un concept qui allait devenir fondamental pour la théorie de la computation et la programmation. Ses travaux ont jeté les bases des premiers ordinateurs électroniques programmables.

La Deuxième Guerre mondiale et l'essor de l'informatique

La Deuxième Guerre mondiale a été une période de bouleversements majeurs à bien des égards, y compris dans le domaine de l'informatique. Les besoins militaires en matière de calculs complexes, de chiffrement et de déchiffrement ont accéléré les développements technologiques.

L'une des avancées les plus significatives a été la cryptanalyse des codes ennemis. La machine Enigma, utilisée par les forces allemandes pour chiffrer leurs messages, était un défi presque insurmontable. Cependant, des génies en cryptanalyse, tels que Alan Turing et ses collègues à Bletchley Park, ont réussi à déchiffrer ces codes, contribuant ainsi de manière décisive à la victoire des Alliés.

La guerre a également été le catalyseur du développement de l'ordinateur électronique. Les premiers ordinateurs électroniques, tels que le Colossus en Grande-Bretagne et l'ENIAC aux États-Unis, ont vu le jour pour répondre aux besoins de calculs militaires. L'ENIAC, en particulier, a marqué un tournant majeur en tant que premier ordinateur électronique programmable.

L'ENIAC était une véritable prouesse d'ingénierie, avec ses milliers de tubes à vide et son encombrement impressionnant. Il pouvait effectuer des calculs des milliers de fois plus rapidement que les méthodes manuelles précédentes. C'était une véritable révolution technologique.

Après la guerre, l'informatique électronique a trouvé des applications civiles, notamment dans la recherche scientifique, la météorologie, les simulations nucléaires et l'industrie. L'ENIAC a ainsi ouvert la voie à une ère nouvelle, où les ordinateurs électroniques devenaient des outils essentiels pour la résolution de problèmes complexes.

En somme, la Deuxième Guerre mondiale a profondément marqué le développement de l'informatique en accélérant la création des premiers ordinateurs électroniques et en faisant appel à des esprits brillants pour relever des défis de cryptographie. Ce fut une période charnière qui a jeté les bases de la révolution informatique à venir.

Les premiers ordinateurs

Après la Deuxième Guerre mondiale, l'informatique électronique est entrée dans une nouvelle ère passionnante. Les ordinateurs électroniques sont passés de projets de recherche militaire à des outils polyvalents utilisés dans divers domaines.

Un des premiers ordinateurs électroniques à émerger était l'ENIAC (Electronic Numerical Integrator and Computer), achevé en 1945. L'ENIAC était un monstre de 30 tonnes, avec plus de 17 000 tubes à vide, capable d'exécuter un large éventail de calculs en un temps record. Il était principalement utilisé pour des applications scientifiques et militaires, telles que la simulation de bombes atomiques.

Peu de temps après l'ENIAC, d'autres ordinateurs électroniques sont apparus, comme l'EDVAC, le MANIAC, et l'UNIVAC (Universal Automatic Computer), qui a été le premier ordinateur vendu à des clients commerciaux. Ces machines ont ouvert la voie à une informatique plus largement accessible.

L'informatique commerciale a également commencé à prendre de l'ampleur à cette époque, avec des entreprises telles qu'IBM entrant sur le marché. Les ordinateurs électromécaniques et électroniques ont progressivement remplacé les systèmes de traitement manuel de données, ce qui a permis d'accélérer les opérations commerciales.

Les années 1950 ont été une période de rapidité et d'innovation. Les premiers langages de programmation, tels que le Fortran et le COBOL, sont apparus, facilitant la tâche des programmeurs. Cela a marqué le début de la programmation plus conviviale et a ouvert la porte à une plus grande diffusion de l'informatique.

Dans l'ensemble, cette période a été marquée par une transition fondamentale. Les ordinateurs électroniques sont passés de projets de recherche de pointe à des outils de calcul pratiques et polyvalents utilisés dans le commerce, la recherche scientifique et l'industrie. Cela a préparé le terrain pour l'ère moderne de l'informatique, où les ordinateurs sont devenus omniprésents dans notre vie quotidienne.

L'Internet prend forme

Les prémices de ce que nous connaissons aujourd'hui comme Internet remontent aux années 1960. À cette époque, le département de la Défense des États-Unis a financé la création d'un réseau de communication robuste appelé ARPANET (Advanced Research Projects Agency Network). ARPANET avait pour objectif de faciliter la communication entre les chercheurs et les scientifiques, permettant ainsi de partager des informations et des ressources.

Le protocole fondamental qui a rendu possible cette communication à distance est le TCP/IP (Transmission Control Protocol/Internet Protocol). Ce protocole, développé par Vinton Cerf et Robert Kahn, est la base du fonctionnement de l'Internet moderne. En 1972, ARPANET a basculé sur TCP/IP, marquant ainsi le début du réseau que nous connaissons aujourd'hui.

L'année 1983 a été cruciale pour l'Internet. C'est à ce moment que le Domain Name System (DNS) a été introduit, permettant l'utilisation de noms de domaine au lieu d'adresses IP numériques, ce qui a grandement simplifié l'accès aux sites web.

Les années 1990 ont vu l'Internet devenir un outil grand public. Des fournisseurs d'accès à Internet comme AOL ont offert un accès facile à la toile, et le navigateur web Netscape a rendu la navigation sur Internet plus conviviale. Les moteurs de recherche, comme Google, sont apparus, facilitant la recherche d'informations sur la toile en expansion.

L'Internet a radicalement transformé la société. Il a changé notre façon de communiquer, de faire des affaires et d'accéder à l'information. Il a ouvert la voie à une nouvelle ère de connectivité mondiale.

Le développement de l'Internet ne s'est pas limité aux États-Unis. Des réseaux similaires ont vu le jour dans le monde entier, donnant naissance à un réseau mondial d'ordinateurs interconnectés. Aujourd'hui, l'Internet est un élément essentiel de la vie moderne, reliant des milliards de personnes et de dispositifs dans le monde entier.

L'informatique personnelle et la révolution micro-informatique

Les ordinateurs personnels, ou micro-ordinateurs, ont complètement transformé la manière dont les individus interagissent avec la technologie. Au début des années 1970, des visionnaires tels que Steve Jobs, Steve Wozniak, et Bill Gates ont jeté les bases de ce qui allait devenir l'industrie des ordinateurs personnels.

L'Apple I, conçu par Steve Wozniak en 1976, a été l'un des premiers micro-ordinateurs commercialisés. Il a été suivi de près par l'Apple II, qui a marqué le début d'une révolution dans le monde de l'informatique. L'Apple II était conçu pour être convivial, avec un écran couleur et la possibilité de se connecter à un téléviseur. Cela a rendu l'informatique plus accessible pour le grand public.

En parallèle, Microsoft, fondée par Bill Gates et Paul Allen, a développé un système d'exploitation appelé MS-DOS (Microsoft Disk Operating System). MS-DOS était utilisé sur de nombreux ordinateurs personnels, créant ainsi un standard de facto pour les PC.

L'année 1984 a vu le lancement du Macintosh d'Apple, le premier ordinateur personnel doté d'une interface utilisateur graphique conviviale. Cette innovation a été révolutionnaire et a ouvert la voie à une nouvelle ère de l'informatique conviviale pour les non-initiés.

L'explosion de l'Internet dans les années 1990 a été un tournant majeur. Les ordinateurs personnels sont devenus les portes d'entrée vers le monde en ligne, permettant aux utilisateurs de se connecter à l'Internet et de naviguer sur le Web.

La combinaison des ordinateurs personnels et de l'Internet a transformé notre façon de travailler, d'apprendre, de communiquer et de nous divertir. Elle a donné naissance à des géants de la technologie comme Microsoft, Apple, et d'autres, qui ont marqué de manière indélébile notre monde moderne.

En somme, la révolution des ordinateurs personnels a ouvert la porte à une ère d'innovation, d'accessibilité et d'ubiquité de la technologie. Elle a rendu l'informatique plus conviviale et a élargi son utilisation dans tous les aspects de la vie quotidienne.

L'explosion de l'Internet dans les années 1990

Les années 1990 ont été le théâtre d'une transformation radicale. L'Internet, autrefois réservé à un petit nombre de chercheurs et d'experts en informatique, est devenu accessible au grand public. Cette démocratisation a été en grande partie rendue possible grâce au World Wide Web, inventé par Tim Berners-Lee en 1989. Le Web a permis de naviguer sur Internet de manière intuitive, en utilisant des hyperliens pour passer d'une page à une autre.

Les années 1990 ont vu l'émergence de navigateurs web tels que Netscape Navigator, qui ont rendu la navigation sur le Web plus conviviale. Les moteurs de recherche, notamment Google, ont facilité la recherche d'informations sur Internet.

L'explosion de l'Internet a transformé de nombreux aspects de la société. La communication a été révolutionnée par l'e-mail, les forums de discussion et les premiers réseaux sociaux. Les entreprises ont commencé à créer des sites web pour promouvoir leurs produits et services, ce qui a marqué le début du commerce électronique.

La bulle Internet, marquée par des investissements massifs dans des startups technologiques, a atteint son apogée à la fin des années 1990. Cependant, en l'an 2000, cette bulle a éclaté, entraînant la faillite de nombreuses entreprises dot-com. Malgré cette période de turbulence, l'Internet est resté un moteur d'innovation.

L'explosion de l'Internet a également donné naissance à des géants de la technologie, tels que Amazon, Google, et Facebook, qui dominent aujourd'hui le paysage technologique. Ces entreprises ont changé notre manière de faire des achats, de rechercher des informations et de communiquer avec les autres.

Dans l'ensemble, les années 1990 ont été le point de départ de l'ère de l'Internet moderne. L'accès généralisé à l'information, la communication en ligne et le commerce électronique ont transformé nos vies de manière inimaginable quelques décennies plus tôt.

L'informatique mobile et la révolution des smartphones

Le début des années 2000 a été le point de départ d'une révolution technologique qui a changé la donne : l'avènement des smartphones. Ces appareils polyvalents ont fusionné l'informatique, les communications et le divertissement, transformant nos vies de manière spectaculaire.

Le premier iPhone d'Apple, lancé en 2007, a marqué un tournant majeur. Il a introduit un écran tactile intuitif, un accès à Internet haut débit, et un écosystème d'applications. Ces fonctionnalités ont rendu les smartphones accessibles à un large public et ont déclenché une course à l'innovation dans l'industrie des télécommunications.

Les smartphones ont permis une connectivité instantanée et permanente, transformant la manière dont nous communiquons. Les applications de messagerie, telles que WhatsApp, Facebook Messenger, et WeChat, ont facilité la communication en temps réel, en supprimant les barrières géographiques.

De plus, les smartphones ont ouvert la porte à une nouvelle ère de travail mobile. Des applications de productivité comme Microsoft Office et Google Workspace ont permis aux professionnels de travailler en déplacement. Cette transition vers le travail mobile a été accélérée par la pandémie de COVID-19, qui a poussé de nombreuses entreprises à adopter le télétravail.

Les smartphones ont également changé notre façon de consommer du contenu. Les médias sociaux, tels que Facebook, Instagram, et Twitter, sont devenus des plateformes populaires pour partager des moments de vie et des actualités. La vidéo en streaming, avec des services tels que YouTube et Netflix, a transformé notre façon de regarder des films et des émissions de télévision.

L'impact des smartphones sur la société a été profond. Ils ont révolutionné la photographie, la navigation, les jeux, et bien d'autres aspects de la vie quotidienne. Les smartphones sont devenus une extension de nous-mêmes, devenant notre principal moyen de communication, de recherche d'informations et d'expression de notre créativité.

En résumé, l'avènement des smartphones a marqué un tournant majeur dans l'histoire de l'informatique et de la communication. Ces appareils polyvalents ont transformé la manière dont nous vivons, travaillons et interagissons avec le monde qui nous entoure.

L'informatique en nuage et la virtualisation

Le cloud computing, ou informatique en nuage, est une révolution qui a bouleversé notre façon de stocker et d'accéder à des données. Plutôt que de dépendre d'ordinateurs locaux pour stocker des fichiers et exécuter des applications, le cloud permet d'utiliser des serveurs distants, accessibles via Internet. Les données peuvent être stockées et traitées à distance, offrant une flexibilité inégalée.

Amazon Web Services (AWS), lancé en 2006, a été l'un des pionniers du cloud computing. Il a ouvert la voie à une multitude de services, tels que le stockage en nuage, les bases de données, et le calcul à la demande. D'autres géants de la technologie, tels que Microsoft Azure et Google Cloud, ont rapidement suivi le mouvement.

Le cloud a transformé la manière dont les entreprises gèrent leur infrastructure informatique. Il a permis de réduire les coûts de maintenance et d'éviter l'achat d'équipements coûteux. Les startups ont également bénéficié du cloud, car il leur permet d'évoluer rapidement sans avoir à investir dans une infrastructure coûteuse.

En parallèle, la virtualisation est devenue une technologie clé. Elle permet d'exécuter plusieurs systèmes d'exploitation sur une seule machine physique, optimisant ainsi l'utilisation des ressources matérielles. Cela a facilité la gestion des serveurs et réduit les coûts opérationnels.

Ces avancées ont également ouvert la voie à l'informatique distribuée, où des clusters de serveurs travaillent en tandem pour exécuter des applications et des calculs massifs. Cela a permis de relever des défis complexes, tels que l'analyse de données volumineuses et la recherche scientifique avancée.

En résumé, l'informatique en nuage et la virtualisation ont transformé l'infrastructure informatique en fournissant une agilité, une évolutivité et une efficacité accrues. Elles ont permis aux entreprises de se développer plus rapidement et de répondre aux demandes changeantes du marché.

Les réseaux sociaux et l'économie de l'attention

Les réseaux sociaux ont profondément transformé la manière dont nous interagissons, communiquons et partageons des informations. Le premier réseau social moderne, SixDegrees, est apparu en 1997, mais c'est Facebook, lancé en 2004 par Mark Zuckerberg, qui a ouvert la voie à l'explosion des médias sociaux. Facebook a révolutionné la manière dont les gens se connectent en ligne, permettant aux utilisateurs de créer des profils, de se connecter avec des amis et de partager du contenu.

L'essor des médias sociaux a engendré une nouvelle économie, souvent appelée l'économie de l'attention. Les plateformes sociales génèrent des revenus en attirant l'attention des utilisateurs et en vendant de la publicité ciblée. Cela a créé des modèles commerciaux lucratifs, mais a également soulevé des questions sur la vie privée, la désinformation et l'impact sur la santé mentale.

Les médias sociaux ont également joué un rôle crucial dans des événements politiques et sociaux majeurs. Ils ont été utilisés pour coordonner des mouvements sociaux, partager des informations sur des catastrophes naturelles, et mobiliser les électeurs. Cependant, ils ont également été critiqués pour leur rôle dans la diffusion de fausses informations et la polarisation politique.

Parallèlement aux médias sociaux, l'économie de l'attention a modifié la façon dont nous consommons l'information. Les plateformes de médias sociaux, les sites web et les applications mobiles sont devenus des sources majeures d'informations, souvent présentées de manière fragmentée et personnalisée en fonction de nos préférences.

L'ubiquité des smartphones et la facilité d'accès à Internet ont conduit à une constante sollicitation de notre attention. Les notifications, les vidéos en lecture automatique et les flux infinis de contenu ont rendu difficile la déconnexion. Cette réalité a suscité des inquiétudes quant à l'addiction aux écrans et à l'impact sur la santé mentale.

En résumé, les réseaux sociaux ont changé fondamentalement notre manière de communiquer, de partager des informations et de participer à la société. L'économie de l'attention a influencé la manière dont nous consommons du contenu et notre rapport à la technologie.

L'intelligence artificielle et l'apprentissage automatique

L'intelligence artificielle, autrefois confinée à la science-fiction, est devenue une réalité puissante. Elle désigne la création de machines capables de simuler des processus intellectuels humains, tels que l'apprentissage, la résolution de problèmes et la prise de décision.

L'une des premières avancées notables en IA est venue avec le développement des réseaux de neurones artificiels, une technique inspirée du fonctionnement du cerveau humain. Cette approche a conduit à des percées dans le traitement automatique du langage naturel, la reconnaissance vocale, la vision par ordinateur et bien d'autres domaines.

L'apprentissage automatique (machine learning) est au cœur de nombreuses applications d'IA. Il repose sur la capacité des ordinateurs à analyser des données, à identifier des modèles et à prendre des décisions sans programmation explicite. L'apprentissage profond (deep learning), une branche du machine learning, a révolutionné la capacité des machines à accomplir des tâches complexes, telles que la classification d'images et la traduction automatique.

L'IA a trouvé des applications dans divers secteurs. En médecine, elle aide les médecins à diagnostiquer des maladies, à concevoir des traitements personnalisés et à accélérer la recherche médicale. Dans l'industrie, elle automatise des processus de fabrication et optimise la chaîne d'approvisionnement. Dans les services financiers, elle est utilisée pour détecter les fraudes et prédire les tendances du marché.

Les chatbots et les assistants virtuels, tels que Siri, Alexa et Google Assistant, sont devenus omniprésents, simplifiant nos interactions avec la technologie. L'IA est également à l'origine de l'essor de la voiture autonome, qui promet de révolutionner l'industrie automobile.

Cependant, l'IA soulève des questions éthiques et sociales importantes. Les préoccupations liées à la confidentialité des données, à la discrimination algorithmique et à l'impact sur l'emploi sont autant de défis auxquels il faut répondre.

En fin de compte, l'IA est en train de remodeler notre monde. Elle nous permet de repousser les limites de ce que la technologie peut accomplir, tout en soulevant des questions cruciales sur la manière dont nous utilisons ces pouvoirs nouvellement acquis.

Concepts clés de l'informatique quantique

L'informatique quantique est une approche révolutionnaire de la computation qui exploite les propriétés étranges de la mécanique quantique, une branche de la physique qui étudie les phénomènes à l'échelle atomique et subatomique. Contrairement à l'informatique classique, qui repose sur des bits traditionnels (0 et 1), l'informatique quantique utilise des qubits, qui peuvent représenter 0, 1, ou une superposition des deux en même temps.

L'un des concepts clés de l'informatique quantique est l'entrelacement quantique, qui permet aux qubits de devenir étroitement liés même s'ils sont séparés à de grandes distances. Cela signifie que les calculs quantiques peuvent être effectués beaucoup plus rapidement que les calculs classiques pour certaines tâches.

Les ordinateurs quantiques ont le potentiel de résoudre des problèmes complexes, tels que la factorisation de grands nombres premiers (essentielle pour le chiffrement actuel), la simulation de molécules pour la recherche pharmaceutique, et l'optimisation de systèmes logistiques complexes.

Des entreprises telles que IBM, Google, Microsoft, et d'autres, travaillent sur le développement d'ordinateurs quantiques. Cependant, ils sont encore à un stade préliminaire, confrontés à des défis techniques importants, tels que le maintien de la cohérence quantique sur de longues durées.

L'informatique quantique soulève également des questions fondamentales en matière de sécurité. Alors qu'elle offre la possibilité de briser facilement les systèmes de chiffrement actuels, elle ouvre également la voie à de nouvelles formes de chiffrement quantique, plus résistantes aux attaques.

En fin de compte, l'informatique quantique est une technologie en plein essor qui promet de révolutionner de nombreux domaines, de la sécurité à la recherche scientifique en passant par l'optimisation des processus. Cependant, elle reste un domaine de recherche actif, et son impact à grande échelle est encore à venir.

L'avenir de l'informatique et de l'Internet

La réalité virtuelle (RV) nous plonge dans des environnements entièrement numériques et immersifs. Elle est rendue possible par l'utilisation de casques spéciaux qui recouvrent nos yeux et nos oreilles, nous plongeant dans un univers virtuel en trois dimensions. Les utilisateurs peuvent interagir avec cet environnement à l'aide de manettes ou d'autres dispositifs d'entrée.

La réalité augmentée (RA), quant à elle, superpose des éléments numériques au monde réel. Elle peut être expérimentée à travers des lunettes spéciales, des smartphones ou des tablettes. Par exemple, vous pouvez pointer votre téléphone vers une rue et voir des informations contextuelles, des objets virtuels ou des indications de navigation s'afficher sur l'écran, directement dans votre environnement réel.

Ces technologies ont d'innombrables applications. En médecine, la RV est utilisée pour la formation chirurgicale et la réhabilitation, tandis que la RA peut être utile dans la navigation médicale. Dans l'éducation, elles offrent de nouvelles façons d'apprendre, en créant des expériences immersives pour les élèves.

Le secteur du jeu vidéo a adopté la RV pour offrir des expériences de jeu plus immersives. De plus, la RA est utilisée dans des jeux comme Pokémon Go, qui superpose des créatures virtuelles au monde réel grâce à la caméra d'un smartphone.

Dans le domaine professionnel, la RV est utilisée pour la formation en environnement virtuel, permettant aux employés de s'entraîner dans un environnement sûr. La RA est utilisée dans la conception de produits, permettant aux ingénieurs de visualiser des modèles en 3D dans le monde réel.

La RV et la RA ont également le potentiel de transformer les domaines du commerce, du divertissement, du design, de l'architecture et bien d'autres. Elles nous rapprochent de la fusion entre le monde numérique et le monde réel, créant de nouvelles opportunités, mais aussi de nouveaux défis en matière de protection de la vie privée et de sécurité.

En conclusion, la RV et la RA redéfinissent notre interaction avec le monde numérique et réel. Elles ouvrent de nouvelles possibilités dans de nombreux domaines et sont en constante évolution. Leur impact sur notre avenir sera incontestable, et il reste passionnant de suivre leur développement.

Cela marque la fin de ce "Cours d'informatique pour débutants". Nous espérons qu'il vous a aidé à acquérir les compétences nécessaires pour être à l'aise avec votre ordinateur et pour maintenir sa performance et sa sécurité. Nous vous encourageons à continuer à explorer le monde de l'informatique et à rester informé des dernières tendances et des meilleures pratiques.

Merci de nous avoir accompagnés.

Titre : «Cours d'informatique pour débutants»

Auteur : Frédéric Perez

Editeur : Frédéric Perez 4 allée des charmes 92500 Rueil Malmaison

Imprimé à la demande par Amazon

Prix : 12,30 €

Dépôt légal : octobre 2023

ISBN : 9798863267630